Elisabeth Stanzer

Das Wesen der Bulldogge

2. Auflage

FSC
www.fsc.org
MIX
Papier aus verantwortungsvollen Quellen
Paper from responsible sources
FSC® C105338

Bibliografische Information der Deutschen Nationalbibliothek:
Die Deutsche Nationalbibliothek verzeichnet diese Publikation in der Deutschen Nationalbibliografie; detaillierte bibliografische Daten sind im Internet über http://dnb.d-nb.de abrufbar

Herstellung und Verlag: BoD - Books on Demand GmbH, Norderstedt

ISBN: 9783848223190

Die Bilder zeigen unsere eigenen Hunde
oder deren Nachwuchs.

Bulldogs vom Frankenstein
www.frankenstein-bulldogs.de

Züchter: Elisabeth und Eddy Stanzer

Besonderen Dank an Manja und Steffen Uecker für die Bereitstellung des Titelbildes mit ihrer süßen Tochter Lara und den Alternativen Bulldoggen,
Hermann und Wilma vom Frankenstein.

Einen besonders lieben Gruß an Claudia und Peter Gentges, die hoffentlich auch Spaß an diesem Buch haben.
Liebste Grüße an meine Schwester Babsi.
Ein dickes Dankeschön an alle die ein Bulldoggenbaby von uns übernommen haben, es lieben und bestens aufziehen.

Widmung

Ich widme dieses kleine Buch meiner Familie,
welche nicht nur die Liebe zu den Bulldoggen
sondern auch die Arbeit mit mir teilt und ich
widme es meinen Bullys, die mein Leben
täglich aufs neue Bereichern und
mich mit ihrem liebenswerten
Wesen glücklich machen.

Ebenso ist es für meine Freunde und
alle Menschen die Bulldoggen halten,
die ihr Wesen lieben und es verstehen.
Schön dass es Euch gibt.

Vorwort

Als Züchterin dieser wundervollen Hunderasse, beschreibe ich in diesem Buch ein klein wenig mein Leben mit Bulldoggen, ihren starken Charakter sowie ihr einmaliges und unvergleichbares Wesen.

Dieses Buch ist eine Liebeserklärung.

Es beschreibt kurz die verschiedenen Bulldoggen Zuchtrichtungen, gibt Tipps zur Erziehung, erläutert wichtiges zur Haltung und vieles über das Wesen dieser Hunde.

Es ist ein Buch für Bulldoggen Liebhaber und Interessierte.

Für Bulldoggen Halter die oftmals mit den verschiedensten Vorurteilen zu kämpfen haben und für Menschen, die sich mit dieser Rasse vertraut machen möchten.

Ich hoffe Sie finden in diesem Buch Antworten auf ihre Fragen und ich wünsche Ihnen viel Freude beim lesen.

„Wenn große Augen dein Herz berühren,
wenn Falten dich zum Lachen bringen,
wenn ein grimmiger Blick dich glücklich macht,
wenn dein Sofa völlig beschlagnahmt wurde,
wenn du Schnarchen als Musik empfindest,
dann gehörst du wahrscheinlich zu den Glücklichen,
die ihr Leben mit einer Bulldogge teilen dürfen."

Elisabeth Stanzer

Verzeichnis

Einleitung

"Das Wesen der Bulldogge"
So lautet der Titel dieses Buches. Aber gibt es so viel darüber zu sagen, dass man damit ein Buch füllen kann?
Das habe ich mich natürlich auch gefragt und ich finde, dass man ihr Wesen tatsächlich sehr kurz und knapp beschreiben kann, dass jedoch ein wenig mehr gesagt werden muss, um die Bulldogge und ihre Eigenschaften auch wirklich zu verstehen.

Auf meiner Züchter Homepage steht über das Wesen der Bulldogge kurz zusammen gefasst und eigentlich auf den Punkt gebracht folgendes:

Das Wesen der Bulldoggen

Wie soll man diese wunderbaren Hunde beschreiben?

Es gibt gar nicht soviel darüber im Internet. Als Züchter können wir unsere Erfahrung mit dieser Rasse wiedergeben und ich versuche mich mal im Beschreiben ihres Charakters.
Natürlich kann das Wesen des ein oder anderen Hundes ein wenig abweichen. Jeder Hund wird ja auch so, wie er erzogen wurde. Nachweislich sind nur 30 % des Charakters vererbt.

Den Rest bestimmt die Erziehung und Haltung.

Mit guter Erziehung kann man eventuell vorhandene, vererbte und negative Wesensmerkmale absolut wettmachen. Es kommt in erster Linie immer auf die Haltung und Erziehung an.

Negative Eigenschaften dieser Rasse:

Ja, mir fällt keine negative Eigenschaft ein, weil ich die Hunde so liebe wie sie sind. Aber der Ein oder Andere empfindet eine dieser folgenden Eigenschaften eventuell als negativ.

1. Sie wollen immer im Mittelpunkt stehen.

2. Sie sind teilweise sehr aufdringlich und werden nicht müde immer wieder Aufmerksamkeit zu erhaschen.

3. Sie machen viele Geräusche und manche von ihnen brummeln ständig irgend etwas vor sich hin.

4. Sie können streitlustig sein mit Artgenossen.

5. Sie denken selbst mit und neigen dazu eigene Entscheidungen zu treffen.

6. Sie sind oft sehr grob im Spiel mit Ihresgleichen. Sie rempeln mit vollem Körpereinsatz. Sie führen sich auf wie Rugby Spieler und machen Geräusche, als würden Grizzlys um einen Lachs kämpfen.

7. Sie lassen sich Zeit wenn man etwas von ihnen fordert und wer einen Hund zum herum kommandieren sucht, der noch dazu auf das Wort hören soll, ist mit der Bulldogge wahrlich nicht gut beraten.

8. Sie wissen genau was sie nicht dürfen, aber wenn man nicht hinguckt machen sie es trotzdem (zum Beispiel aus Spaß die Katze jagen, obwohl sie gerade mit ihr zusammen im Körbchen lagen). Oder am schönen neuen und teuren Hundekissen nagen, nach dem Motto: "Man muss zu Ende bringen was man angefangen hat" und zwar auch dann, wenn Frauchen es schon zwanzig mal verboten hat.

9. Eine gewisse Sturheit kann man ihnen nicht absprechen. Sie hinterfragen permanent den Sinn dessen, was man von ihnen will.

10. Auf Härte und Strenge reagieren sie sehr negativ und es tut ihrem Wesen gar nicht gut. Sie sind echte Mimosen.

11. Sie sind sehr sensibel und feinfühlig und brauchen vollen Familienanschluss.

12. Sie sind absolut nicht Zwinger geeignet und verkümmern dadurch mental und vor allem seelisch. Spätere Probleme sind bei dieser Art der Haltung vorprogrammiert.

13. Viele von Ihnen schnarchen wie fünf ausgewachsenen Männer, wenn sie sich zum entspannen so richtig hängen lassen (und das machen sie fast immer).

14. Sie haben einen ausgeprägten starken Willen. Sie sind unglaublich ausdauernd, wenn es darum geht etwas erreichen zu wollen und wer keinen Gott neben sich dulden kann, sollte auf die Bulldogge wirklich verzichten.

Posititve Eigenschaften:

1. Sie lieben die Menschen. Ich kenne keine Rasse die besonders ihren, aber auch alle fremden Menschen so liebt wie die Bulldogge.

2. Auch wenn man ihnen vieles durchgehen lässt, neigen sie nicht zur Dominanz gegenüber ihrem Halter. Ich habe noch nie von einer Bulldogge gehört, die sich plötzlich völlig grundlos gegen ihren Halter wendete oder gar Situationen ausnutzte, um ihrem Halter durch Angriffe zu schaden.

3. Sie lieben Kinder und sind sehr sanft im Umgang mit kleinen Menschen. Ich bin immer wieder erstaunt, wenn ich sehe wie vorsichtig sie sein können.

4. Sie sind absolut tolle Familienhunde. Sie sind keine Einmann-Hunde die nur einen Menschen in der Familie akzeptieren. Sie sind jedem Familienmitglied in gleicher Weise zugetan. Aber sie bevorzugen natürlich Familienmitglieder, die ihnen immer Leckerlis geben und sie besonders verwöhnen.

5. Sie sind verträglich mit anderen Tieren. Ob Katze oder Vogel, Meerschweinchen oder Frettchen, wer im gleichen Haushalt lebt, wird akzeptiert.

6. Sie suchen immer Körperkontakt (was ich recht süß finde). Nur daneben zu sitzen reicht für sie oftmals nicht aus. Am liebsten auf dem Menschen und zumindest den Kopf auf den Schoß gelegt oder die Pfoten irgendwo geparkt. Immer so eng wie möglich am Halter :-)

7. Sie begrüßen Besuch überschwänglich und nicht feindselig. Manche freuen sich so sehr, dass man sie immer wieder bremsen muss.

8. Sie bevorzugen das Leben mit dem Menschen (Hauptsache bei ihm sein) und sind nicht lästig, wenn man mal krank ist und nicht soviel raus kann.

9. Sie sind ziemlich klug und ich glaube sie sehen sich selbst nicht als Hund. Eher als Mensch. Sie sitzen auf Stühlen, liegen in Betten und ihnen ist sehr wichtig, wie ein vollwertiges Familienmitglied behandelt zu werden.

10. Sie lassen sich mit viel Liebe und Konsequenz recht gut erziehen, sind meiner Meinung nach jedoch nicht als Schutzhund tauglich. Dafür lieben sie die Menschenzu sehr. Man sollte ihre Liebe zum Menschen nicht mit einer Ausbildung dieser Art untergraben, die oftmals mit unnötiger Härte und Strenge einhergeht und dem Wesen dieser tollen Hunde mehr schadet als nutzt.

11. Sie sind selbstsichere Begleiter. Mutig und feinfühlig, nicht aggressiv und auch nicht ängstlich.

12. Sie toben sich im Freien aus und sind im Haus ruhige und sehr angenehme Mitbewohner.

13. Sie jagen nicht (zumindest unsere Hunde nicht und wir leben direkt am Wald).

14. Sie sind liebenswerte Gesellen die täglich für Heiterkeit sorgen und sie sind unterhaltsame Clowns, die anscheinend merken, wenn man ihr Verhalten lustig findet. Dann bemühen sie sich besonders, den Kasper zu machen.
Wie jeder Hund müssen sie gut sozialisiert werden, um gesellschaftstaugliche Mitglieder zu werden. Welpenschule, ständiger Kontakt zu anderen Hunden und Rassen ist wichtig für die weitere Entwicklung. Am wichtigsten ist jedoch liebevolle Konsequenz und die Bereitschaft einen Partner neben sich zu dulden, der auch einmal etwas nicht auf Anhieb machen will. Kadaver-Gehorsam ist nämlich so gar nicht der Bulldoggen Eigenschaft.

Ach und das hätte ich fast vergessen.
Sie pupsen manchmal wie die Weltmeister. Sie rülpsen ab und an so laut, dass man direkt erschrickt und wenn sie zu gierig fressen, kotzen sie auch mal in die Ecke...

Und trotzdem schaffen sie es mit Geduld, Beharrlichkeit und Taktik auf die Sofas und in die Betten ihrer Besitzer - wo sie für meine Begriffe auch hingehören :-)"

-Ende-

Damit wäre eigentlich nun kurz und bündig, auch schon das wichtigste gesagt. Das sind die Wesensmerkmale aller Bulldoggen die bei uns leben und welche ich bisher kennen lernen durfte.
Aber es gibt eben noch einiges mehr.
Ich habe nämlich den Eindruck, dass sie leider sehr häufig absolut Missverstanden werden.

Manche Menschen meinen sie wären frech, wenn sie den engen Körperkontakt suchen. Sie wären dominant, weil sie so beharrlich Aufmerksamkeit einfordern. Sie wären dumm, weil sie nicht auf Anhieb hören und gehorchen.
Mit diesen Vorurteilen möchte ich in diesem Buch gründlich aufräumen.

Die Bulldoggen sind alles andere als dumm und dominant. Sie sind sogar sehr intelligent.
Natürlich unterscheiden sie sich in vielen Dingen von allen anderen Rassen. Aber das ist nicht negativ zu werten. Für mich sind sie die Krönung unter den Hunderassen.

Es sind Hunde für Menschen mit Herz, welche die Größe haben, ihrem Hund gewisse Eigenheiten zu gestatten und sich daran erfreuen.

Die Bulldogge – ein starker Charakter

Ein freundliches Wesen und eine imposante Erscheinung. Ein mutiger und furchtloser Hund, dessen Ausstrahlung fasziniert und dessen Wesen jeden Menschen überzeugt, der bereit ist sich darauf einzulassen.

Es ist mir schon sehr lange ein Bedürfnis, dass Wesen der Bulldogge in Form eines Buches zu beschreiben. Kein leichtes Unterfangen, denn im Grunde genommen ist sie in vielem ein Hund, so wie jeder andere Hund auch.

Irgendwie dann aber wieder doch nicht. Wenn ich ganz ehrlich bin, ist sie unvergleichlich. Es gibt keine Rasse die ihr ähnlich ist.
Weder vom Aussehen noch vom Wesen und ihr Verhalten ist ebenso ein wenig anders. Sie kann lustig und aufgedreht sein. Sie ist sehr verspielt und wird nie erwachsen. Sie bleibt immer ein Baby.
Sie ist stark und durchaus eigenwillig, aber dennoch leicht zu führen. Man hat hin und wieder den Eindruck, sie wäre ein Mensch. Ich glaube sie weiß selbst auch nicht, dass sie ein Hund ist.

Alles was sie mit anderen Hunden gemeinsam hat ist, dass sie laut Wissenschaft der gleichen Spezies angehört, was ich manchmal aber schon arg bezweifelt habe.

Auch wenn man zehn Bulldoggen hält wie ich, so ist doch jede Einzelne eine individuelle Persönlichkeit mit eigenem Charakter und pauschale Aussagen über ihre Wesensmerkmale sind eigentlich etwas, was mir ein wenig gegen den Strich geht, weil es die rassetypische Bulldogge in Wirklichkeit nicht gibt. Auf der anderen Seite haben sie alle dann doch wieder sehr viel prägnantes gemeinsam, wie ihre Freundlichkeit gegenüber den Menschen und ihren auffälligen Drang, sich immer wieder wie ein solcher zu verhalten.

Sie sind Langschläfer und chillen gerne (Chouching mit ihrer Famile, ist das Größte für sie). Sie sind meist ziemlich verfressen und manchmal recht gierig. Sie lieben Wasser und Spiel aber auch Ruhe und Faulenzen. Sie sind keine aktiven Feger die ständig unter Strom stehen, sondern eher ruhige Mitbewohner.
Was die Bulldogge auf jeden Fall ausmacht, ist ihr Vertrauen in den Menschen. Ihr unerschütterlicher Glaube an das Gute im Menschen. Sie liebt, sie vertraut und sie ist dankbar für jede Zuwendung.

Jeder Hund, egal welcher Rasse besitzt seine eigene Persönlichkeit. Die Persönlichkeit der Bulldogge ist jedoch sehr vielseitig, was für mich persönlich ihren besonderen Reiz ausmacht und auch schon viele Menschen vor mir, zu Liebhabern dieser Hunde werden ließ.

Sehr oft wird sie aufgrund ihres Verhaltens auch missverstanden und oftmals leider auch gerne, einzig und alleine auf ihr Gladiatoren-Aussehen reduziert.

Das ist sehr schade, denn gerade die Bulldogge gehört zu den sensibelsten und freundlichsten Hunderassen die es gibt und ihre Schönheit, ja ich betone Schönheit, ist von so spezieller Art, dass man sich, ob man will oder nicht, Hals über Kopf in sie verliebt.

Es ist unvermeidlich. Man lernt sie kennen und sobald man begreift, welch sensible Seele sich hinter den wunderschönen, großen Augen und den breiten Mäulern verbirgt, ist man hoffnungslos verloren und meist schon unheilbar vom Bulldoggen Virus befallen.

Natürlich wird sie in der heutigen Zeit, in welcher die Kampfhundehysterie wie eine Seuche um sich gegriffen hat, auch häufig wegen ihres Aussehens als solcher bezeichnet.

Was ich zu diesem leidigen Thema zu sagen habe, folgt jedoch in einem anderen Kapitel in diesem Buch.

Aber es gibt auch viele Menschen, die fasziniert sind von ihrer Erscheinung und Ausstrahlung und vor allem ihrem Charme, dem man sich wirklich kaum entziehen kann.

Es gibt viele Familien die gerne eine Bulldogge hätten, aber leider nicht viel über ihr Wesen in Erfahrungbringen können.
Wenn doch, dann sind es oftmals ziemlich hanebüchene Geschichten und nicht selten sehr dumme Vorurteile, aus den Mündern von Menschen, die meistens noch nicht einmal eine Bulldogge gesehen haben, geschweige denn, ihren Charakter kennen lernen durften. Schauermärchen von extremer Sturheit und schwer erziehbarem Charakter machen die Runde und sogar Dummheit wird ihr angekreidet.
Immer wieder habe ich mein Projekt „Buch über das Wesen der Bulldogge" hinausgeschoben, denn ich bin weder Schriftstellerin, noch kann ich besonders poetisch schreiben und es wurde zudem ja auch bereits einiges an Büchern über diese Rasse verfasst. Das Wesen kam dabei aber für meine Begriffe immer etwas zu kurz.
Meist geht es in Büchern über die Bullldogge um den extremen English Bulldoggen Zuchttyp, ihre Geschichte, um rassetypische Krankheiten und vor allen, um den umstrittenen Rassestandard. Darauf möchte ich in diesem Buch nicht sonderlich eingehen.

Mir ist viel wichtiger in diesem Buch zu beschreiben, warum die Bulldogge einer der besten Familienhunde ist und warum man sie eben nicht auf ihr Aussehen reduzieren sollte.

Sie hat es wirklich nicht verdient wegen dummer Vorurteile in Misskredit zu geraten, denn sie gehört in keiner Weise zu einer Rasse die es nur in "krank" gibt oder die man fürchten müsste.
Nicht einmal dann, wenn man sie kaum erzogen hat oder in der Erziehung einige grobe Fehler machte. Sie neigt nicht zur Aufsässigkeit und schon gar nicht dazu, ihren Menschen zu dominieren. Aber sie ist durchaus in der Lage ihre Familie Schritt für Schritt dahingehend zu erziehen, ihr ein besonders angenehmes Leben, mit all den dazugehörenden Vorteilen und Extrabonusen zu gewährleisten. Aber dass fädelt sie so schlau und geschickt ein, dass diese es nicht einmal bemerken. Darin ist sie ein echter Meister.
Welpenkäufer welche sich fest vornahmen, ihrer Bulldogge das Sofa und Bett zu verwehren, sind oftmals die Ersten, welche über heftige Lähmungserscheinungen klagen, weil sie den Fernsehabend in äußerst unnatürlicher Körperhaltung verbrachten, um den süßen Bully, der sich gerade gemütlich schnarchend, der Länge nach ausstreckte, nicht beim Nickerchen zu stören.

Deswegen wage ich es hiermit einfach und hoffe dass man erkennen wird, worum es mir in erster Linie geht und vielleicht schaffe ich es sogar, dem Ein oder Anderen zu erläutern, warum die Bulldogge kein „normaler“ Hund ist und warum ihre Halter wohl auch etwas speziellere Menschen sind.

Das Wesen der Bulldogge

Die Bulldogge ist eine der wenigen Hunderassen, die man entweder schön findet oder eben nicht. Man liebt oder man meidet sie. Man mag sie oder man mag sie nicht. Dazwischen gibt es nichts.

Bulldoggen Liebhaber und Halter werden es bestätigen. Die Bulldogge ist ein Hund, der durch seine Charaktereigenschaften, nämlich einer gelungenen Mischung aus extremer Anhänglichkeit und äußerst liebenswertem Verhalten gegenüber Menschen, gepaart mit grimmigen Gesichtsausdruck und massigem Körper beeindruckt.

Es sind meist diese Gegensätze welche die Menschen so faszinieren.
Die Bulldogge ist mutig und unerschrocken, stark und imposant. Sie spielt gerne, ist durchaus aktiv, aber auch sehr gemütlich, ja teilweise sogar träge und vor allem sehr liebesbedürftig.

Ihre Mimik ist unglaublich. Bulldoggen können lachen und richtig strahlen, wenn sie gut aufgelegt sind und sie können nahezu vor Elan explodieren, wenn sie Abenteuerlust verspüren.

Sie sind fröhlich und draufgängerisch und ihre Faltenbildung ermöglicht ihnen, jede ihrer Launen auch unübersehbar zum Ausdruck zu bringen.

Wer eine Bulldogge hat, wird es bestätigen. Man kann einer Bulldogge den aktuellen Gemütszustand zu jeder Zeit in ihrem faltigen Gesicht ablesen.

Wenn sie müde ist, guckt sie derart gerädert aus der Wäsche, dass man es nicht fertig bringt sie mit rausgehen zu "quälen", obwohl man weiß, dass sie nun eigentlich schon längst mal Pipi müsste. Wenn es regnet, verzieht sie an der Haustüre nicht nur das Gesicht. Sie schaut ihren Mensch so ungläubig an, als würde sie fragen, ob dass jetzt wirklich sein ernst sei. Ich selbst reagiere auf diesen Blick mit einem entschuldigenden "O.K., wir gehen später" und dann drehen wir gemeinsam einfach wieder um.

Fühlt sich die Bulldogge zu wenig beachtet, oder hat man ihrer empfindsamen Seele gar versehentlich weh getan, dann kann sie ihr Gesicht in immer noch tiefere Falten legen und so trübsinnig und verknautscht aus der Wäsche gucken, dass man einfach Mitleid empfinden muss. Es ist nicht möglich diese Gesichtsausdrücke zu ignorieren. Und wenn, dann fühlt man sich sehr schlecht dabei.

Ihr grimmiges und sehr mürrisches Aussehen steht im extremen Gegensatz zu ihrem verspielten, liebenswerten und anhänglichen Wesen. Die Bulldogge ist ein wahrer Menschenfreund.
Sie liebt ihren Menschen mit Haut und Haar - einfach abgöttisch.

Nichts ist ihr wichtiger als seine Nähe. Nichts gefällt ihr mehr, als permanent seine Aufmerksamkeit zu haben und nichts macht sie trauriger, als vernachlässigt zu werden. Damit kann sie nicht gut umgehen.

Um glücklich zu sein, braucht sie ihren Menschen und wenn dieser mal etwas zu wenig an Zeit hat, wird er bestimmt von ihr daran erinnert, dass sie auch noch da ist. Dabei kann sie sehr kreativ sein. Sie hat ein ganzes Repertoire von Tricks auf Lager.

Angefangen von plötzlich auffällig vielem herumgehen, lautem Schnaufen, immer wieder Spielzeug anschleppen, bis zum beleidigten oder mitleidsheischendem Blick, arbeitet sie mit allem, was ihr zurVerfügung steht.

Manche von ihnen trinken dann alle zwei Minuten geräuschvoll Wasser, gehen zur Türe und zeigen dass sie nun gerne raus möchten, drehen aber gleich wieder um, weil es ein paar Tropfen regnet. Einige gähnen ununterbrochen auffallend laut, die Liegeposition wird ständig geändert, es wird im Körbchen umgegraben und heftig daran genagt, mit wenigen Worten - man hat keine Ruhe.

Man muss sich einfach mit ihr befassen.

Sie will gänzlich in das Familienleben eingebunden sein. Als vollwertiges Familienmitglied. Man sollte dies vor der Anschaffung einer Bulldogge auf jeden Fall berücksichtigen.
Mit einem Bulldoggen Welpen holt man sich nicht einfach nur einen Hund, sondern ein Kind in sein Zuhause. Das kann mitunter ganz schön anstrengend sein, denn wie wir alle wissen, wollen Kinder beschäftigt werden. Sie wollen etwas lernen und sie müssen geliebt und dennoch erzogen werden.

Wenn man der Bulldogge ein Leben in der Familie nicht bieten kann, wenn man nicht gewillt ist sich ständig mit seinem Hund zu befassen und wenn man schnell genervt ist oder von Haus aus wenig Geduld hat, dann rate ich eindringlich vom Kauf einer Bulldogge ab. Zwar überhaupt vom Kauf eines Hundes, aber ganz besonders vom Kauf einer Bulldogge.

Die Bulldogge ist kein Hund, der einfach da ist und so nebenbei mit läuft. Sie will dass man sie beachtet, ihr Aufmerksamkeit schenkt, sich mit ihr befasst und dass fordert sie mit ihrem starken Willen und mit enormer Beharrlichkeit auch ein. Wenn man dies vor dem Kauf nicht bedenkt, wird man eventuell überfordert sein. Das Ende vom Lied wäre ein genervter Mensch und eine unglückliche Bulldogge.

Wer ganztags außer Haus ist und seine Bulldogge alleine lässt, wird am Abend immer eine sehr unglückliche Bulldogge vorfinden. Sie wird sich zwar freuen wenn ihr geliebter Mensch nachhause kommt, aber ihre Augen werden schon bald nicht mehr strahlen und ihre fröhliche Natur wird wahrscheinlich rasch einer tiefen Traurigkeit weichen. Seelische Grausamkeit dieser Art, sollte keinem Hund angetan werden.

Ihr Wesen wird sich verändern und sie wird nach und nach zu einer Bulldogge, die wahrscheinlich anfängt ungewöhnliche Eigenheiten zu entwickeln und zwar solche, die ziemlich verärgern könnten. Wahrscheinlich würde der Hund zu einer echten Belastung werden.

Es könnte nämlich sein, dass sie aus Protest aufhört stubenrein zu sein. Dass sie aus Langeweile teure Möbel und Teppiche anbeißt oder Zimmerpflanzen frisst. Dass sie in immer noch tiefere Traurigkeit verfällt, da sie mental völlig verarmt und seelisch vereinsamt.
Dadurch könnte sie später extrem launisch und wirklich mürrisch werden.

Es könnte sein, dass sie bald selbst für reichlich Abwechslung in ihrem Dasein sorgt und sich auf eine Art und Weise Aufmerksamkeit verschafft, die man überhaupt nicht mehr lustig findet.

Auch hierbei ist eine Bulldogge durchaus kreativ. Ihr Einfallsreichtum ist grenzenlos. Das kann bei ständigem Gebell beginnen, obwohl die Bulldogge von Natur aus überhaupt kein Kläffer ist und bei tausenden von Teilen an zerlegtem Mobiliar enden. Man sollte sich also wirklich gut überlegen, ob es sinnvoll ist sich einen Hund zu kaufen, wenn man den ganzen Tag außer Haus ist.

Menschen denen es um das Wohlergehen des Hundes geht, werden bestimmt davon absehen. Hoffentlich.

Wer diese Zeilen nun bisher aufmerksam gelesen hat, wird bereits jetzt schon wissen, dass die Zwingerhaltung für eine Bulldogge aufgrund ihres sensiblen Wesens nicht angebracht und absolut abzulehnen ist. Die Bulldogge ist nicht für den Zwinger geeignet. Absolut nicht!
Wer einer Bulldogge die Zwingerhaltung zumutet und ihr ein Leben in so einem tristen Käfig antut, hat ihr Wesen nicht begriffen und ist völlig herzlos oder absolut ignorant.

Stopp!

Ich merke, das ist alles ziemlich trocken. Wer will schon ein Buch lesen, dass in diesem Stil geschrieben ist.

Sachbücher und Belehrungen gibt es viele. Ich will kein trockenes Sachbuch schreiben. Ich werde deshalb nun ohne Umschweife ein paar Jahre zurück gehen - in die Anfangszeit.

Zu einem der wichtigsten Tage in meinem Leben. Der Tag an dem unsere erste Bulldogge bei uns einzog. Danach werden Sie bestimmt noch einiges mehr über das Wesen dieser Hunde wissen und vielleicht bereits erkennen, warum die Bulldogge kein normaler Hund ist und warum man als Halter ebenso ein klein wenig anders sein muss, als der Rest in der Hundehalterwelt.

Akita und das schwarze Loch.

Ich las die Anzeige „Englische Bulldog Welpen zu verkaufen". Das war vor etlichen Jahren. Schon immer fasziniert vom Aussehen der Bulldoggen, konnte ich meinen Mann kurzerhand überreden, wenigstens mal zu gucken und den Züchter der angepriesenen Welpen zu besuchen. Ich wollte diese Rasse mal in Natura sehen.

Gesagt getan. Spontane Aktionen sind eigentlich nicht mein Ding, (für meine Begriffe müssen diese gut vorbereitet sein :-)), aber dieses Mal war es komischer Weise halt so. Ich wollte dort hinfahren und zwar gleich.

Das Haus des Züchters war riesig, aber ich sah keine Hunde. Na ja, dachte ich. Die werden wohl hinten raus im Garten irgendwo herum hüpfen. Ein älterer Herr mit den listigen Augen eines Viehhändlers öffnete dieTüre. Nicht besonders vertrauenerweckend, aber auch nicht so schlimm, dass ich gleich wieder umdrehen wollte.

Wir wurden sehr freundlich ins Haus gebeten und noch bevor wir uns setzen konnten, sah ich im Augenwinkel ein dickes, schwarz-weißes „Etwas" hinter einer offenen Türe vorbei flitzen.

Gut, flitzen ist nicht ganz richtig. Eher rollen und hopsen. So was in der Art. Das trifft es besser. Gefolgt von einer ziemlich aufgebrachten Frau, die irgend etwas schimpfte und anscheinend etwas, was wohl ihr gehörte, wieder haben wollte.

Aha, dachte ich. Das fängt ja schon mal gut an.

Die Welpen seien noch sehr klein, sagte der Züchter, aber wir könnten schon mal schauen und uns einen aussuchen. Er würde sie uns gleich zeigen und bringen lassen.

Ich erkundigte mich währenddessen nach den Eltern der Welpen und fragte alles mögliche, während hinter der offenen Türe mittlerweile eine echte Verfolgungsjagd stattfand, die es mir außerordentlich schwer machte, mich auf seine Antworten zu konzentrieren.

Das schwarz-weiße "Etwas", schien klar im Vorteil zu sein, die Frau war nämlich nun schon richtig wütend und irgendwann hörte ich ein lautes Quietschen, einen dumpfen Schlag und ein lautes Aufatmen.

Jetzt hat sie endlich wieder was ihr gehört, dachte ich bei mir.

Ich weiß bis heute nicht was es war. Ein teurer Schuh? Der Sonntagsbraten? Die Geldbörse? Keine Ahnung!

Auf jeden Fall fand ich es äußerst interessant und schmunzelte ungläubig und amüsiert zugleich in mich hinein, während mein Mann mich sehr vielsagend anguckte und unauffällig die Augen verdrehte. Irgendwann konnte ich nicht mehr anders.
Meine Neugier war zu groß. „Was für ein Tier ist den das schwarz-weiße dicke Ding, dass da jetzt die letzte halbe Stunde ständig vorbei hüpfte?", fragte ich den Züchter. "Akita", meinte er sichtlich genervt. Ich nehme an, genervt vom Theater dass sich hier gerade abspielte und nicht von mir und meinen Fragen.

"Das ist eine Englische Bulldogge", sagte er lakonisch. "Ein wenig unerzogen aber sonst ganz lieb", warf er lapidar hinterher. Nun, die wollte ich genauer sehen. Unbedingt.

Irgendwie hatte ich den Eindruck, dass er sie uns nicht so recht zeigen wollte, aber ich bin von Haus aus ziemlich hartnäckig und er brüllte irgendwann angespannt „Bring mal Akita!!!" durch die offene Türe in den Nebenraum.

"Was ist denn das für ein Ton?" dachte ich noch für mich, als plötzlich eine dicke, dunkle und wurstähnlich geformte Spezies auf vier Beinen auf mich zuschoss und mir mit dem Kopf voll gegen das Knie donnerte. AUA!

Es blieb keine Zeit Schmerz zu zeigen, denn schon hüpfte dieses Ding plötzlich an mir hoch, scharrte mit seinen langen Krallen in Bauchhöhe an mir und meinem schönen Pulli, drehte sich blitzschnell um und war auch schon wieder weg.

Ich glaube man konnte das große Fragezeichen. in meinen Augen sehen.

"Was zur Hölle war das? Ein Außerirdischer?"
Mein Mann grinste hämisch, warum auch immer.
„Akita! Akita! Komm her...!" rief der Züchter ihr hinterher.

Mit jedem Mal lauter, mit jedem Mal energischer und irgendwie auch von Mal zu Mal wütender.

"Akita! Akita! Komm jetzt! Akita!!! Akita!!!!!!!!
AKIIITAAAA!!!!!!!!!"

Es war unglaublich.

Gefühlte fünf Stunden und sechstausend "AKITA" später, spazierte gemächlich AKITA, der wurstförmige Alien zur Tür herein.
Plötzlich so langsam, dass ich dachte, dass ganze wäre ein Film und jetzt extra für mich in Zeitlupe gedreht.

Das war der Moment, wo ich zum ersten Mal erkennen konnte, dass der Alien wirklich ein Hund war.

Ein schwarz- weißer, dicker und relativ kleiner Hund, mit braunen Abzeichen. Ihre Anblick und ihre Schönheit warfen mich jetzt nicht gerade vom Hocker. Ganz im Gegenteil. Ich bin sehr ehrlich - ich fand sie sogar ziemlich hässlich. Und sie schien irgendwie verrückt zu sein. Ja, verrückt - aber das weckt extrem meine Aumerksamkeit - meistens.

Während ich noch versuchte mir ihr Gesicht genauer anzusehen und ihr dabei in die Augen blickte, wackelte sie von einer Sekunde auf die Andere, in Vollspeed freudig mit ihrem Hintern. Falsch. Eigentlich wackelte der ganze Hund, wie auf Höchststufe von einer Batterie betrieben und als sie bemerkte dass ich schmunzelte, (ich schwöre sie hat das erkannt) sprintete sie von jetzt auf gleich los, direkt auf mich zu und wieder mit vollem Karacho gegen mein Knie. Wieder AUA!

"Die ist ja wirklich irre", dachte ich. " Das macht sie immer wenn sie sich freut", sagte der Züchter. „O.K. Und was macht sie wenn sie sauer ist?" Das sollte ein Scherz sein, der aber leider nicht so gut ankam. Er guckte gequält, aber lange nicht so gequält wie mein Mann, der bereits eine böse Vorahnung hatte, wie er mir später mal gestand.

Der Züchter sagte, sie wäre eigentlich sehr lieb und auch zu haben, er würde sie auch verkaufen, aber man müsse aufpassen, sie würde alles klauen was herum liegt und erzogen wäre sie auch noch nicht sonderlich gut. Seine Frau hätte bei ihr völlig versagt. Ich musste lachen. "Sicher, die Frau war schuld", dachte ich. Er erklärte mir, sie hätte zudem leider auch noch eine Fehlfarbe. Englische Bulldoggen dürften laut Standard nicht schwarz sein. Schon gar nicht dreifarbig. Akita war dreifarbig :-) Was soll ich sagen. Irre und dreifarbig? Ich liebe das Außergewöhnliche!

Während ich so beiläufig nach dem Preis des Alien fragte, stellte ich mich zum Schutz vor weiteren Knieattacken hinter das Sofa. Dass war aber nicht wirklich ein Hindernis.

Akita sprang flink wie ein Wiesel und mit großem Geschick, direkt auf das Sofa und ehe ich mich fragen konnte, wie das anatomisch überhaupt möglich ist, hatte ich eine große, feuchte Zunge im

Gesicht und eine ziemlich große Hundeschnauze, ungefähr knappe 3 Zentimeter vor meiner Nase. Einen Hund der mich mit seinem breiten Maul und üblen Mundgeruch, verzückt hechelnd und aufgeregt atmend, anstrahlte. Ehrlich.

Sie strahlte mich regelrecht an und entweder war sie völlig durchgeknallt oder irgendwie von Haus aus dumm. Eine andere Erklärung hatte ich zu diesem Zeitpunkt nicht parat.
Mein Mann holte mich zur Seite und versuchte alles, wovon er dachte dass ich es gerade gedanklich in Erwägung ziehen würde, im Keim zu ersticken.

Er flüsterte mir sozusagen ins Gewissen. Er begann den kleinen Alien madig zu reden. Aber sowas von madig. Ich hörte gespannt zu. Falsch. Ich tat so als würde ich gespannt zuhören.

In Wirklichkeit hörte ich nur wie von sehr weit weg die Worte "hässlich, irre, unbrauchbar, unpassend, kein Hund, nicht kaufen, nicht nehmen, nicht schön, nicht, nicht, nicht...", während ich meine Augen nicht mehr von der kleinen, äußerst eigenartigen Nudel abwenden konnte.

"Ja gut, dann holen Sie bitte den Kaufvertrag", sagte ich so nebenbei zum Züchter, während mein Mann noch auf mich einredete aber zusehend leiser wurde. "Ich möchte Akita mitnehmen."

Irgendwie hatte ich das Gefühl, die Zeit wäre plötzlich angehalten worden. Es war wie in einem Film. Ich sah zwei regungslose Gesichter.

Das Gesicht des Züchters, mit leicht geöffnetem Mund und mit einem großen Fragezeichen über dem Kopf, wahrscheinlich weil er nicht glauben konnte, dass ich Akita wirklich kaufen wollte und das Gesicht meines Mannes, ungläubig und irgendwie verzweifelt, aber wie in Stein gemeißelt.

Ich ignorierte beide Gesichter sehr erfolgreich und als die Mimik der Männer sich langsam wieder auflockerte und etwas entspannte, war ich bereits stolze Besitzerin von Akita.

Der Züchter erzählte noch irgendwas vom Joggen mit Hund und dass Akita, die "angebliche" Sportskanone immer mitlaufen würde. Dem nicht genug. Er schob auch auch noch zwei-drei "lustige" Episoden vom Radfahren, wobei sie ihn ja auch täglich begleiten würde, hinterher. Wie lustig.

Diese Storys, frei erzählt nach Münchhausen, konnte ich gleich direkt als Märchen aus der Kategorie "Wie vera....e ich Hundekäufer?" entlarven, denn sie lief keinen Meter freiwillig. Sie hatte so lange Krallen wie ein Faultier und war wohl eher nicht sooft in der Natur unterwegs. Aber das ließ ich stecken.

Mein Mann trug sie deshalb zum Auto und ich schwöre, er fauchte während er sie widerwillig hoch hob, „Die ist wie ein Schwein, schau mal wie steif die sich macht. Wie unser Schwein". Wir hatten zwei Minischweine damals.

Und er hatte Recht. Ich musste kurz kichern, aber ich wollte den Bogen dann doch nicht total überspannen.
Sie streckte alle Vier komplett steif von sich und sie sah dabei wirklich aus wie Miss Piggy. Sie kannte natürlich kein Autofahren und ich nahm sie auf den Schoß. Dabei zerkratzte sie mir mit ihren langen Nägeln auch noch das halbe Gesicht, die Arme und Beine. Es tat höllisch weh, aber ich unterdrückte den Schmerz ohne mit der Wimper zu zucken. Jetzt bloß nicht für Schadenfreude sorgen, dachte ich. Wir fuhren irgendwie recht schweigsam los.

Akita verhielt sich während der Fahrt als wäre sie ausgestopft. Ich war sehr ruhig. Ich wollte nämlich nicht jetzt schon die unvermeidliche "Fakten gegen Blödheit" Diskussion lostreten. Wobei die Blödheit in diesem Fall definitiv mein Part gewesen wäre.

Ich streichelte Akita still, während mein Mann, so glaube ich zumindest nur hoffte, dass ich endlich etwas sagen würde, damit er seine Meinung zu diesem wahnwitzigen Kauf loswerden konnte. Ich sagte nichts.

Zuhause angekommen, stemmten wir Akita aus dem Auto und setzten sie im Hof ab. Sie blieb so stehen wie wir sie postierten. Regungslos, wie ein Tierpräparat. Ich musste wieder kichern.
Mein Mann irgendwie nicht so...
Zum Blick meiner Tochter, als sie Akita sah, schreibe ich hier lieber auch nicht viel. Aber ich weiß noch dass sie aus der Türe schaute, umdrehte, dann gleich wieder kam, uns vorwurfsvoll anguckte und "Was ist das jetzt?" fragte. "Boah, euch kann man echt nicht alleine weg lassen!" sagte sie auch noch.

Unser Schäferhund Wulf kam fröhlich über die Wiese angelaufen um uns zu begrüßen und bremste schlagartig und ziemlich verdutzt vor Akita ab.

Er guckte Akita an, dann meinen Mann, wieder Akita und wieder meinen Mann. So als wollte er fragen, ob dass der Witz des Tages sei. Er schnupperte sich dennoch waghalsig näher...
Sein Hals wurde immer länger und Akita die Salzsäule, schnaufte plötzlich laut und gab komische Geräusche von sich. Wulf knurrte tief und sehr unfreundlich. Das war ihm nicht geheuer. Solche Geräusche kannte er nicht.

"Ich sag ja, wie ein Schwein", brummte mein Mann. "Die grunzt ja!" schob er hinterher. "Die grunzt nicht" sagte ich forsch und leicht genervt. "Sie ist nur aufgeregt."

Ich bückte mich zu ihr runter und streichelte sie. "Feine Akita", sagte ich so sanft wie möglich und der ganze Hund wackelte plötzlich wieder freudig und völlig aufgedreht.

Plötzlich zog sie den Hintern ein und sprintete los. Vollspeed im Kreis herum. Dann über den ganzen Hof. Die Wiese rauf und runter. Wulf wusste erst überhaupt nicht wie er es einschätzen sollte, aber schon bald lief er hinter ihr her und sie legten Stopps ein, um sich zu beriechen. Sie hüpften und sprangen zusammen umher. Rein in die Garage und wieder raus und wieder rein und plötzlich kam nur noch Wulf heraus.

"Akita?!" Ich rief sie, aber nichts. Keine Reaktion. Wir liefen in die Garage.
"Akita! Akita!" Irgendwoher hörte ich leise Grunzgeräusche.

Mein Mann rief plötzlich, "Nee, oder?! Wie doof ist die denn? Die ist in den Schacht gefallen!" "Was für ein Schacht?" fragte ich. "Ja hier, der Schacht an der Seite!" Ich schwöre, ich wusste bis Dato nicht, dass hier ein Schacht war.

Ein Meter lang. Ungefähr fünfzig Zentimeter breit und so um die hundertfünzig Zentimeter tief und sehr dunkel. Ich holte eine Taschenlampe und tatsächlich. Da stand sie. Unten im Schacht und sie bewegte sich nicht.

"Hoffentlich hat sie sich nicht verletzt" rief ich erschrocken und vorsichtig flüsterte ich, „Akita, Schätzchen, gleich holen wir dich raus", in den Schacht. Ich machte mir wirklich Sorgen.

Mein Mann schüttelte nur ungläubig den Kopf und er war sehr darauf bedacht, dass ich es auch sah. Aber er sagte gar nichts.

Er kletterte runter und irgendwie schaffte er es, sie rauf zu stemmen, während ich sie oben in Empfang nahm. Ganz schön schwer war sie. Sie war wieder völlig zur Salzsäule erstarrt. Ich stellte sie besorgt ab. Aber die Sorge war unbegründet.

Keine fünf Sekunden später hüpfte sie schon wieder unbekümmert über denHof und Wulf begrüßte sie freudig. So freudig, als wäre sie den ganzen Tag da unten gewesen. "Die hat echt eine Schraube locker", murmelte mein Mann. Als hätte er jetzt endgültig die Bestätigung dafür erhalten, aber ich überhörte es absichtlich. Ich konnte mir nicht verkneifen wieder zu kichern und wenn Blicke töten könnten, wäre ich heute nicht mehr am Leben.

Er konnte dass alles nicht fassen. Ich hatte direkt ein schlechtes Gewissen, denn irgendwie erschien er mir leicht überfordert, mit dem Hund und dem Schacht und mit mir. Der Schacht wurde übrigens abgedeckt. Sofort danach.

So kamen wir zu Akita und sie zu uns.
Die nächsten Tage bemühten wir uns, ihr viel zu lernen. Zum Beispiel dass sie gemeint war, wenn man AKITA rief.

Gut, mein Mann boykottierte mich erst mal.
War ja „MEIN HUND". Ich sollte selbst sehen wie ich mit "Schweinchen Dick" klar käme.

Das lief so ab. „Dein Hund hat ein Loch gegraben. Dein Hund hat dort hin gemacht. Mach mal bitte die Kotze von deinem Hund weg..." Ich war sehr amüsiert.
Es machte mir nichts aus. Nicht wirklich. Kenne ja meinen Mann.
Er liebt Hunde, aber "wat mutt - dat mutt", dachte er bestimmt. Wenn's befriedigt, bitte sehr...:-)

Wenn Akita bei uns oben vor dem Pferdestall herum rannte und ich sie beim Namen rief, dann schaute sie in alle Richtungen, ob dieser Jemand, dessen Namen ich gerufen hatte, auch um die Ecke kommen würde. Sie wusste nämlich nicht, dass sie Akita war. Sie wusste wirklich gar nichts.
Und sie war so verfressen. Während Wulf sittsam und nobel sein Futter, Häppchen für Häppchen zu sich nahm, hörte man bei Akita nur ein lautes Grunzen und der Napf war in 5 Sekunden leer gesaugt. Dann schaute sie mich an, als wollte sie fragen, wo jetzt eigentlich die Hauptspeise sei.

Sie war ein Jahr alt und kannte nichts. Sie kannte keine Wiese und keine Waldwege, Kein Laub und keine Äste, keine Steine, kein Wasser. Ich fragte mich oft, wie sie wohl wirklich gelebt hatte, bis wir sie kauften.

Aber dumm war sie nicht. Mein Mann wollte mich ja ein paar Tage damit ärgern, aber als sie anfing ihm ständig hinterher zu gehen, ihn bei jeder Gelegenheit anstrahlte und vor Freude ihren Poppes in alle Richtungen schmiss wenn er nachhause kam, war es auch um ihn geschehen.

Von da an gab es gemeinsame Nickerchen auf dem Sofa und viel knuddeln und Akita hier und Akita da...

Und als er eines Tages sagte, Akita wäre eigentlich total schön, wenn man "genauer" hin sehen würde, da wusste ich, jetzt liebt er sie auch. Sie war im übrigen wirklich schön. Sie glänzte wie eine Speckschwarte und sie sah glücklich aus. Sie gefiel mir von Tag zu Tag besser und ich bilde mir ein, dass sie aufblühte und immer noch hübscher wurde.

Das breite Lachen und die glücklichen Augen. Diese Fröhlichkeit und zugleich das ruhige, sehr angenehme Wesen, welches sie wirklich hatte, nach ihren täglichen fünf Minuten. Das war etwas Besonderes. Ihrem Charme konnte man nicht widerstehen. Und sie war schlau und mutig.

Sie konnte sehr schnell unsere Mimik deuten. Sie hatte vor nichts Angst und sie holte alles auf und lernte schnell. Und sie liebte Katzen. Sie putzte die Katzen pitschnaß un unermüdlich. Die Katzen hatten teilweise schon so verklebtes Fell, dass sie aussahen als hätte man sie in Tapetenkleister getunkt. Und sie war der einzige Hund, den auch unsere Schweine problemlos akzeptierten. Ja, sie durfte sogar unseren Eber, der ein ziemlicher Eigenbrötler war beschnuppern, ohne dass er auf sie los ging.

Gut, mein Mann sagte ja immer, dass wäre nur weil sie sich so ähnlich seien. Ich bestritt dies, aber irgendwann fragte mal ein Nachbar ernsthaft, ob wir jetzt drei Schweine hätten, als er sie zusammen von der Ferne über die Wiese wandern sah. Wie witzig! Ich weiß dass Akita alles was sich bewegte liebte und die Schweine wussten es auch. Sie liebte Kinder und sowieso jeden Menschen der uns besuchte.

Und sie wusste das Kinder nicht so robust sind. Sie war bei kleinen Menschen immer äußerst vorsichtig und während sie manchmal alles was ihr gerade im Weg stand einfach über den Haufen rannte, war sie bei Kindern sanft und fast schon mütterlich.

Sie freute sich über jeden Besuch und sie war nie feindselig und wenn wir Hundebesuch bekamen, der mal nicht so freundlich zu ihr war, dann ging sie in ihr Körbchen. Streit? Darauf hatte sie keine Lust.

Sie ging Stress und Streit aus dem Weg. Immer. Akita war eine Seele von Hund. Sie war zwar nicht so die Sportskanone, denn lange Spaziergänge fand sie ziemlich doof und manchmal drehte sie auch einfach um und ging alleine wieder gemütlich unseren Waldweg nachhause.

Ich kaufte in Sorge ein Leuchtgeschirr für sie. "Nicht dass sie noch ein Jäger, der meint er hätte eine Wildsau vor der Flinte abknallt", dachte ich.

Sie lag lieber in der Sonne und freute sich, wenn ich auch wieder eintraf. Vom Spaziergang - ohne sie! Ich wurde dann immer herzlichst begrüßt.

Und langsam war sie. Manchmal so langsam, dass ich dachte sie veräppelt uns so richtig. Wenn ich sie ins Haus rief, konnte ich mir bis sie dann endlich angewackelt kam, getrost noch ein Butterbrot schmieren, es aufessen, Kaffee aufsetzen und eventuell auch noch gemütlich einen trinken.

Eine Schlaftablette vor dem Herrn.
Mein Mann und auch meine Tochter sagten immer, man könnte uns Nachts neben Akita locker ausrauben oder auch direkt an ihr vorbei aus dem Haus tragen. Wenn sie schlafe und schnarche höre sie nichts und würde sie wach werden, wäre sie sowieso zu langsam, um einen Einbrecher überhaupt

stellen zu können. Dass sagten Beide. "Valium" war neben Mücke, Dicke, Monster, Fetti, Chita und Hummel, einer ihrer Rufnamen. "Naja, auch egal" dachte ich. "So ist sie eben."
Als ich jedoch einmal Nachts um 3.00 Uhr an ihr vorbei in die Küche schlich, um etwas zu trinken und mir dabei die Flasche umkippte, was einen dumpfen lauten Knall verursachte, stand innerhalb von 3 Sekunden meine Akita mit breiter Brust im Türrahmen und grollte mich gefährlich an. Zwar nur einmal, aber das reichte auch völlig. Ich hatte fast ein wenig Angst. Sie stand da wie eine Statue und fixierte mich im Halbdunkel. Sie erkannte mich nicht gleich.
Da staunte ich aber. Ich war wirklich sprachlos. "Hallo Akita. Ich bin's", flüsterte ich freundlich und amüsiert zugleich, während ich das Licht anmachte. Sofort wackelte wieder freudig der ganze Hund und sie war gut drauf und strahlte mich an. Das imponierte mir schon sehr. Akita! Was für ein ungewöhnlicher Hund. Ein einziges Mysterium. Gemütlich, ja sogar träge, freundlich und liebenswert und wenn es darauf ankäme, blitzschnell, furchtlos und in Sekunden zur Stelle. Ich war stolz.
Diese kleine dicke Nudel, die immer meine Nähe suchte und zu meinem Schatten mutierte, hatte tatsächlich Beschützer - und Wachhund-Instinkt und konnte sogar direkt aus dem Tiefschlaf so schnell reagieren. Sekunden schnell. Wer hätte das gedacht?

Wir hatten viel Spaß zusammen.

Wenn ich Johannisbeeren pflückte, guckte sie immer neugierig und aufmerksam zu und versuchte auch ein paar Beeren zu ernten. Leider war dass dann nicht nur eine Rebe sondern auch mal ein ganzer Trieb, mit dem sie stolz und ungewohnt hurtig abhaute. Da konnte sie dann plötzlich rennen, die Dicke!

Und sie buddelte meine Blumen aus und verspeiste nicht nur die Erdbeeren sondern gleich die ganzen Pflanzen. Sie fraß zusammen mit den Schweinen 150 Tulpenzwiebel, die ich mühevoll vergraben hatte. Sie wälzte sich mit Vorliebe im Pferdemist und Hornspäne liebte sie sehr. Die vertilgte sie wie ein Staubsauger. Schwupps und weg waren sie.

Leider kamen diese auch regelmäßig wieder als Erbrochenes raus. Mal im Wohnzimmer, mal in der Küche und wenn sie nicht raus kamen, dann blähte Akita derart abartig..., wir nannten es: "Nahe an der Körperverletzung". Wir liefen nicht nur einmal mehr oder weniger grün an, wenn sie einen dieser Knaller auf die Reise schickte. Wahnsinn. Ich wusste nicht dass ein Hund so stinken kann.

Ich muß sagen, sie hat mir sehr geholfen mich weiter zu entwickeln und ziemlich schmerzfrei zu werden, was all diese Dinge mit Ekelfaktor betrifft. So schnell haut mich nichts mehr um. Danke Akita.

Sie wußte wo unsere Hühner ihre Eier außerhalb des Hühnerstalles noch versteckten. Sie raubte regelmässig, gemeinsam mit Wulf diese geheimen Eierplätze aus und ließ es sich schmecken.
Sie vergrub sich in der Heuraufe und erschreckte die Pferde manchmal fast zu Tode.

Wenn ihr spontan einfiel, dass sie jetzt gestreichelt werden wollte, krachte sie mir nach wie vor ohne Vorwarnung direkt ins Knie und guckte mich danach erwartungsvoll, keck und um Aufmerksamkeit bettelnd, mit ihren großen dunklen Augen an.

Die Puffer waren nicht mehr so derbe und grob, das konnte ich ihr einigermaßen abgewöhnen, aber dennoch gut spürbar.
Bodycheck war genau ihr Ding. Keine halben Sachen.

Ich fand diese Macke mittlerweile sogar äußerst witzig, denn inzwischen war ich ja vorbereitet.

Dann begann nämlich unser tägliches Ritual. Da packte ich sie immer an ihrer Halsfalte, schüttelte sie hin und her und animierte sie. Dann drehte sie völlig durch. Sie sauste total verrückt, wie von der Tarantel gestochen über Hof und Wiese an mir vorbei und wieder zurück. Dabei zog sie den Hintern ein und "Turbo-Akita" strahlte und lachte.
Aber so richtig.

Boogieman und das Ehebett

Boogieman ist eine Alternative Bulldogge. Er ist klein, aber schlanker und um einiges aktiver als Akita. Er ist eine echte Sportskanone. Draußen immer in Bewegung aber im Haus sehr angenehm und ruhig.

Ein sehr schöner, markanter Rüde und wir haben ihn selbst gezogen. Ein gesunder, wirklich schicker und liebenswerter Kerl.

Zu Fremden ist er nicht gleich so überschwänglich. Er guckt erst mal wer das ist und was der Besuch vor hat und vor allem schaut er sehr genau, wie wir uns verhalten.

Sind wir nett dann taut er auch auf, sind wir distanziert weil es ein Staubsaugervertreter oder irgendeine Sekte ist, dann bleibt er argwöhnisch. Er bellt dann empört, aber das war es auch schon. Er zeigt keine Aggression in Form von - ich packe dich, oder dergleichen.

Boogieman durfte manchmal mit in unser Bett.
Wir hatten gerade Welpen und ich verbrachte 14 Nächte im Wohnzimmer bei den Neugeborenen, während mein Mann, der immer schon sehr.
früh aufstehen muss, weil wir auch Pferde halten, mit Boogieman das Schlafzimmer aufsuchte.

Wie alle Bulldoggen ist "Boogle" wie wir ihn rufen ein absoluter Langschläfer. Vor 10.00 Uhr morgens steht er nicht freiwillig auf. Er streckt und reckt sich, besonders wenn er im Bett liegen darf und genießt diesen Status sehr. Deshalb durfte er auch immer noch ein wenig liegen bleiben, wenn mein Mann schon außer Haus ging.

Als ich nach 14 Tagen "Nachtschicht" bei den Neugeborenen schon am Krückstock ging und freudig erwähnte, dass ich heute endlich wieder im gemütlichen Ehebett schlafen und mich sehr darauf freuen würde, reagierte mein Mann nicht so glücklich, wie ich es mir erwartete.

Komisch, dachte ich. "Ist was?", fragte ich misstrauisch, "Du freust dich ja gar nicht." Ich war wirklich ein wenig vor den Kopf gestoßen. "Doch, ich freue mich riesig! Super dass deine Zeit im Wohnzimmer jetzt endlich vorbei ist!" sagte er und er bemühte sich wirklich sehr, echte Freude zu zeigen. Aber sie war nicht echt.

"Da stimmt doch etwas nicht", dachte ich bei mir. Plötzlich sagte er "Ich überzieh heute das Bett für dich, damit alles schön frisch ist". Ich war ziemlich verdutzt und spürte, da war etwas echt faul. Ich war ehrlich gesagt ziemlich sauer und auch ein wenig ratlos.

Als ich mich Abends frisch geduscht und müde in mein Allerheiligstes begab, wurde mir auch recht schnell klar, warum er so komisch reagiert hatte.

Ich legte mich auf ein frisches, toll gespanntes, gelbes Laken. In mein geliebtes und einwandfreies Doppelbett. So dachte ich zumindest. Aber als ich mich genussvoll in die Mitte des Bettes rekelte, rutschte ich plötzlich in ein großes Loch und ich spürte spitzes Metall, dass mich unsanft am Hintern pikste. "Was ist dass denn?"
Ich schrie erschrocken auf. Keine Antwort.

Ich sprang auf, zog das Laken zügig und wortlos neben meinem verstummten Mann ab und ein Riesenloch klaffte mir entgegen. Ein Loch in der Matratze.

Große Stücke fehlten, die Matratzen Federung war fein säuberlich frei gelegt. Das Bett völlig zerstört.

Das Loch war so groß, dass Boogle sich komplett reinlegen und einrollen konnte. Noch ein Zentimeter tiefer und er wäre bereits im Bettzeugkasten gelandet. Man hätte über alles ein Laken spannen können. Über das Loch und über den darin liegenden Boogieman und man hätte nichts bemerkt, mit dem bloßen Auge. Ich war sprachlos. Wirklich. Und ziemlich wütend.

Ich will nicht alles erzählen, es ist zu unglaubwürdig. Aber dass muss ich noch los werden. Mein Mann sagte, er dachte ich würde es nicht bemerken (?!?) Und auch, dass es nicht sooo schlimm sei. "Man könne da doch irgendwas reinlegen (???) und dann wieder ganz normal darin schlafen." Und dass ich mich "immer" zu sehr aufregen würde. Mehr sag ich nicht...
Ja, Boogle dieser Gangster, hatte heimlich ganz fleißig an seinem Projekt "Wellness Oase" geackert. Stück für Stück hat er die Matratze immer Vormittags für seine Wohlfühlzwecke optimiert und mein Mann dachte tatsächlich, es würde mir nicht auffallen. Zumindest nicht so schnell. "Und ihn hätte es ja außerdem nicht gestört." Das hat er wirklich gesagt!

Auf mein Drängen hin verlegten wir dann unser Schlafzimmer in einen anderen Bereich des Hauses. Dass wollte ich sowieso schön länger (danke Boogle), und Boogle durfte "sein super Lager" behalten. Nach gut einem Jahr hatte er seine Liegewiese in mühevoller Kleinstarbeit so geschrädert, dass er es selbst nicht mehr nutzen konnte. Wir entsorgten die Teile endlich mit dem Sperrmüll.

Beharrlich wie Bullys nun mal sind, machen sie da weiter wo sie angefangen haben :-)

Der Sturz

Sonntag Nachmittag laufen wir immer unsere ganz große Runde mit der Meute. Das ist immer ein großes Spektakel. Alleine die Vorfreude artet in lautstarken Trubel, mit kaum zu bremsenden Bullys aus.

Wir liefen mit Boogieman, Akita, Ebby, Eila, Amon, Funny, Crispy und noch klein Katjou. Voller Vorfreude und Abenteuerlust, tobte der ganze Rudel die ersten paar hundert Meter, wie immer lautstark grölend über die Wiese.

Da wird gehüpft und gerannt, sich gegenseitig angesprungen, gerempelt und natürlich nicht geguckt. Wenn man sie nur hören, jedoch nicht sehen könnte, würde man denken Godzilla trifft gerade auf T-Rex.

Wir spazierten also los. Die aufgedrehte und sich balgende Meute mal vor uns, dann wieder dahinter. Alle waren super drauf und voller Elan.
Wir unterhielten uns gerade angeregt, als mir plötzlich der gesamte Rudel Bulldoggen im Spiel von hinten in die Kniebeuge krachte.
Ich sehe es noch immer wie in Zeitlupe. Ich ging in die Knie, kippte mit dem Fußgelenk um, und lag plötzlich im Gras.

Ein heftiger Schmerz durchfuhr mich, ich schrie auf und hielt meinen Knöchel. Während ich laut vor Schmerz jammerte, war ich plötzlich von vielen feuchten Nasen umzingelt, die ganz verunsichert aber sehr neugierig an mir schnupperten und mein Gesicht ableckten.

Sie waren ziemlich überfordert und wollten sich vergewissern, ob alles in Ordnung sei. Große Augen guckten mich verdutzt und aufgeregt an.
Sie schnupperten an mir, leckten meine Hände und mein Gesicht, während mein Mann kreidebleich daneben stand und erst einmal versuchte heraus zu finden, was eigentlich passiert war.

Die Hunde spürten genau, dass ich Schmerzen hatte und sie wollten mir irgendwie helfen. Ich spürte ihren Atem und sie fingen an mich überall anzustupsen.
Die Schuhe, die Hose, mein Gesicht. Ich war umzingelt. Das brauchte ich ja gerade noch.
Wenn man Schmerzen hat, nervt so etwas ziemlich.
Und sauer war ich auch. Auf diesen dämlichen Haufen, der einfach nie schaut wo er gerade rein donnert.

Aber wenn ich heute darüber nachdenke, wie toll sie sich verhalten haben und dass keiner von ihnen auch nur im Traum daran dachte, er könne die Situation ausnutzen und sich über mich stellen oder mich gar angreifen, dann bin ich wirklich glücklich.

Da ich in diesem Moment ja situationsbedingt eindeutig eine Stufe unter ihnen war und zudem ziemlich hilflos, hätten sie auch anders reagieren können. Das zeigte mir wieder einmal sehr deutlich, dass die Bulldoggen ein einzigartiges Wesen haben. Sie lauern nicht auf menschliche Schwächen um diese auszunutzen. Ganz im Gegenteil. Sie sind besorgt.

Sie führen sich zwar auf wie Rugby Spieler, schauen beim spielen nicht wo sie rein poltern, aber sie lieben ihren Menschen und sie neigen nicht dazu, sich gegen ihren Menschen zu wenden. Nicht einmal dann, wenn sie im Rudel die Gelegenheit dazu hätten und derartige Situationen locker für sich ausnutzen könnten.

Hunde sind keine unberechenbaren Raubtiere, wie man uns Menschen dass heute immer wieder einreden möchte. Wenn man sie liebt und sie in der Familie leben dürfen, dann sind sie besorgt um ihren Halter.

Mein Mann schickte die Hunde zur Seite, versuchte mir hoch zu helfen, was auch gelang, aber ich konnte nicht laufen. Mein Bein war plötzlich dick geschwollen und als er die Hunde nachhause brachte und mich mit dem Auto abholte, war es bereits so dick, dass ich gar nicht mehr aus dem Schuh kam.

Ich hatte einen Bänderriss und durfte 6 Wochen mit einer Schiene herum humpeln. Es war leider blöd gelaufen und bestimmt nicht die Absicht der Hunde, mich flach zulegen oder gar zu verletzen. Ich liebe meine Bulldoggen umso mehr. Sie haben sich in dieser Situation toll verhalten und ich vertraue ihnen völlig.

Diese drei Kurzgeschichten zeigen bestimmt ein wenig auf, wie die Bulldoggen vom Wesen her sind. Wie sie sich manchmal verhalten und wie sie ticken.

Sie sind absolut gutmütig, ungestüm und freundlich. Wenn sie nichts gelernt bekamen wie Akita, dann sind sie durchaus bereit dass nachzuholen, sofern sie nicht komplett verstört sind. Und man kann auch wirklich Überraschungen erleben, wie Boogieman's Geschichte zeigt. Er war damals ein Jahr alt und sozusagen noch ein Kind. Eines dass Dummheiten machte. Heute ist er erwachsen und macht solche Dinge nicht mehr.

Keiner von ihnen würde je über mich oder andere Menschen herfallen, nur weil sich die Gelegenheit dazu bietet. Es sind ehrliche Hunde. Keine Hunde die auf Schwächen ihrer Menschen lauern um ihnen weh zu tun. Dazu sind sie zu menschenfreundlich und auch zu naiv - irgendwie.
Ich habe im übrigen den Eindruck, dass Bulldoggen nie wirklich erwachsen werden. Sie bleiben immer Babys.

Wenn man sie nicht mit fragwürdiger Ausbildung versaut, dann bewahren sie sich ihre liebenswerte Kindlichkeit ihr ganzes Leben lang.

Die nächste Geschichte zeigt, dass aber ab und zu auch bei einer Bulldogge durchaus der Größenwahn Einzug halten kann.

Amon und die Eckbank

Unser Amon bevorzugte immer die Eckbank in der Küche. Schon als Baby halfen wir ihm immer hoch und es wurde sein Lieblingsplatz.
Irgendwann lebte er sozusagen auf dieser Eckbank und es kam wie es kommen musste. Er war eines Tages felsenfest davon überzeugt, dass sie ihm gehört und sonst niemanden. Keine Frage, das war unser Fehler. Ich ließ ihn immer gewähren. Wenn er gerade dort lag und schlief, aß ich ihm stehen, weil ich ihn nicht stören wollte - er war ja so süß, der kleine Fettwanst.

Bis ich eines Tages den Tisch deckte und Besuch erwartete. Ich sagte, "Amon, heute musst Du leider in dein Körbchen, komm geh runter". Keine Regung. Amon stellte sich schlafend. Wirklich! "Amon! Amon!" rief ich.

Das ging einige Male so und er hob nur irgend wie das Augenlid und blieb mit dem Kopf regungslos. "Ja sag mal?!", fragte ich ziemlich verwundert und nun schon etwas lauter. Aber nichts! Er stellte sich tot. "Jetzt aber hopp! Runter hier!" Wieder nichts. Keine Reaktion. Mir fehlten die Worte.

So nicht mein Lieber, dachte ich, trat an ihn heran und versuchte ihn runter zu schieben.

Da hob er blitzschnell den Kopf, drehte sich zu mir um und knurrte mich richtig böse an. Ich erschrak ziemlich und zuerst stellte sich Verunsicherung und dann Ratlosigkeit ein.
Das konnte ich so nicht durch gehen lassen. Das war mein erster Gedanke.

Mein Mann war leider nicht da und guter Rat teuer. Ich überlegte angestrengt. Sagte dann nochmals aber nun sehr, sehr streng, "Amon runter!" Wieder keine Reaktion.

Der Dicke wollte es tatsächlich wissen.
Das machte mich wirklich sauer. Ich ärgerte mich so sehr über sein dreistes Verhalten, dass ich überhaupt keine Angst hatte. Ganz im Gegenteil. Ich fand ihn unverschämt und frech und dass zeigte ich ihm auch.

Ich packte ihn ohne zu zögern am Halsband, er knurrte nochmals laut, aber ich zog ihn einfach unbeeindruckt runter von "seiner" Bank. Das war gut so. Ich überrumpelte ihn damit total. Er zeigte Verunsicherung und ich führte ihn problemlos am Halsband raus. Dann schickte ich ihn mit einem energischen und sehr unfreundlichen "Platz!" ins Körbchen im Wohnzimmer.

Er ging etwas widerwillig, aber doch ohne Probleme rein und legte sich hin.

Gut dachte ich, das wäre ja nun Ein für Allemal geklärt.
Als ich ihn dann aber etwas später bat rauszugehen um sein Geschäft zu machen, verließ er sein Körbchen nicht. Er bewegte sich einfach nicht.
Er verweigerte total. Als ich nach zwanzig Mal "Amon komm!" genervt am Körbchen schüttelte, knurrte er mich wieder an. Da fakelte ich nicht lange herum.
Ich holte ohne lange nachzudenken den Besen, stieß damit unsanft an sein Körbchen, er erschrak, sprang verdutzt raus und ich konnte ihn völlig problemlos in den Garten schicken. Und wie er lief. Ohne auch nur einmal zu hinterfragen. Dieser Frechdachs!
Das wiederholte sich in der nächsten Zeit noch ein paar Mal. Ich schnappte dann einfach immer den Besen, welchen ich zur Sicherheit gleich mal in Reichweite stehen ließ und klopfte damit an sein Körbchen, wenn er verweigerte. Damit ließ er sich immer sofort "überreden" und nach ein paar Tagen war er auch wieder ganz der Alte.
Lieb und brav wie immer.
Nur auf den Besen ist er heute noch sauer. Das nimmt er ihm wirklich übel.

Die Eckbank aber war Geschichte für ihn. Er durfte nicht mehr rauf. Er ist ein dicker Knuddelbär und total lieb, aber er wollte einfach Ansprüche anmelden, indem er versuchte seinen Willen vehement und mit Nachdruck durchzusetzen.

Als im klar wurde dass er nicht gewinnen würde, schraubte er seinen Größenwahn wieder zurück und wenn ich ihn heute rufe und bitte pinkeln zu gehen, kommt er freudig angewackelt.

Er ist eine tolle Bulldogge. Wirklich. Er liebt Kinder, kugelt im Winter mit den Kleinsten den Hang runter und zieht Schlitten. Er ist nicht im geringsten aggressiv, aber er wollte etwas für sich beanspruchen, was ihm nicht zusteht und ich musste mich eben durchsetzen.

Wenn ein Hund knurrt ist er deswegen noch lange nicht aggressiv. Amon war lediglich frech und respektlos und wie die meisten Bulldoggen auch sehr ausdauernd, wenn sie etwas erreichen wollen. Es ging ihm nur um die Eckbank.
Ich kann ihm natürlich trotzdem wie von jeher, jederzeit alles aus dem Maul nehmen, kann in seinen Futternapf greifen ohne auch nur einmal angeknurrt zu werden und er liebt Besuch. Er freut sich wie Akita über jeden Besucher. Und er liebt Bällchen und Kong.

Wenn Besuch kommt holt er sofort sein Spielzeug und zeigt es stolz. Mit dem Kong oder mit einem Seil im Maul, trabt er dann immer mit erhobenem Haupt eingebildet und voller Freude, dass er jedem zeigen darf was ihm gehört, auf und ab. Und man kann es ihm jederzeit abnehmen.

Spielzeug zu präsentieren und stolz damit herum zu laufen ist angbelich zwar auch eine Form von "Dominanz", aber das stört mich nicht. Ein Hund will, wie mir einmal jemand erklärte, damit zeigen was ihm gehört und einige Hundeausbilder behaupten, es wäre ebenso ein gewisser Größenwahn und ein freches Verhalten, aber damit hab ich kein Problem. Soll er halt. Ist ja sein Spielzeug. Ich sehe das nicht so eng.

Amon ist ein toller Kerl und wenn er Abends auf der Couch meine Hand ableckt und mich mit seinen lieben Augen ganz unschuldig anguckt, dann denk ich mir immer, was für ein Schlingel. Dieser freche Hochstapler, der so getan hat als wäre er dominant :-)

Diese Geschichte zeigt deutlich, dass ein Bully der sehr geliebt wird, nicht zwangsläufig auch ein braver Hund werden muss. Ein paar Reglen muss man schon aufstellen. Hunde interpretieren gewisse Freiheiten anders als wir.

Er weiß ja nicht dass die Eckbank für alle da ist.
Er denkt, "ich liege darauf", also ist es meine. Punkt.
Wehret denn Anfängen, wie es so schön heißt.
Wenn schon Eckbankerlaubnis, dann nur mit der Zusatzvereinbarung, sie ausschließlich per Einladung nutzen zu dürfen und nicht mit dem Anrecht, darauf zu wohnen und sie völlig in Beschag zu nehmen.

Ebby die Chefin

Ebby ist eine wirklich charakterstarke Hündin. Eine echte Persönlichkeit. Sie ist eine Alternative Bulldogge. Ziemlich groß und mit einem wunderschönen, breiten Kopf.

Eine liebenswerte Hündin wie alle unsere Bullys. Sie wurde vom Welpen, Schritt für Schritt zur Chefin des Rudels.

Und wer nun denkt, dass eine dominante Hündin sich wahrscheinlich mit Gewalt in der Hierarchie ihres Rudels nach oben kämpft und aufgrund von vorhandener Aggression zur Anführerin wird, der wird nun erfahren, dass Dominanz nichts, absolut gar nichts mit Aggression zu tun hat, sondern mit Autorität, Souveränität, mit Klugheit und vor allem mit Gerechtigkeit.

Sie war als Welpe wie jede andere Bulldogge auch. Verspielt, frech, aufgeweckt und süß.

Im jugendlichen Alter beobachtete sie viel. Mehr als unseren anderen Bulldoggen. Manchmal saß sie in der Wiese und sah dem Treiben der anderen Hunde zu. Ganz ruhig und aufmerksam. Ich wunderte mich oft, warum sie nicht mitspielte, aber wenn ich sie rief, kam sie immer fröhlich angelaufen.
Es schien alles in Ordnung zu sein. Mir fiel etwas

später auf, dass sie irgendwie mehr Rechte hatte, als die anderen Hunde im Rudel.
Ich erkannte, dass das Wort Dominanz, mit dem heute ja ständig herum geschmissen wird, nicht dass bedeutet, was die Menschen landläufig damit meinen.

Mir wurde klar, dass echte Dominanz etwas positives ist, weil sie absolut nichts mit Aggression zu tun hat, sondern mit geistiger Stärke.
Der Schleier lichtete sich und mir wurde bei Ebby erst so richtig bewusst, wie Hunde wirklich ticken.

Ebby war dominant, aber es handelte sich um echte Dominanz. Nicht um hausgemachte Dominanz, wie im Fall von "Hochstapler Amon" mit „seiner“ Eckbank.

Echte Dominanz ist durchaus positiv.
Man kann sie mit kompetenter Autorität, welche auf Souveränität basiert vergleichen. Ein Hund der souverän ist, strahlt Selbstsicherheit aus und er ist seiner Aufgabe mit Leichtigkeit gewachsen.

Alleine durch seine Anwesenheit, schafft er für Ruhe und Ordnung im Rudel. Er ruht sozusagen in sich selbst, vermittelt dadurch Sicherheit, ist gelassen und hat es nicht nötig, aggressives Verhalten an den Tagzu legen, um sich zu behaupten. Eine starke Persönlichkeit mit angeborener Führungsqualität.

Er muss nicht auf alles reagieren und ja, er drückt auchmal ein Auge zu. Wenn jedoch seine Autorität untergraben wird, wird er sich auch mal gut dosierter Aggression bedienen, um sich wieder den nötigen Respekt zu verschaffen und um seine, ihm untergeordneten Artgenossen im Verhalten zu korrigieren, damit sie ihn auch weiterhin respektieren.

Ein Hund mit diesen Eigenschaften wird im Rudel ein respektierter und gerechter Chef sein. Ebby musste nie auf ihre Sachen aufpassen. Niemand aus dem Rudel wollte ihr etwas wegnehmen. Egal ob Knochen oder Spielzeug.
Während sich der Rudel untereinander ständig gegenseitig alles klaute, konnte Ebby mitten im Getöns in aller Ruhe ihren Knochen kauen, ohne von den Anderen belästigt zu werden.

Sie war wirklich aufgrund ihrer Ausstrahlung privilegiert und nur selten meinte mal eine freche Nase, testen zu müssen ob sich daran eventuell etwas geändert haben könnte.

Ebby ist eine geborene Rudelführerin. Sie ist ein Alpha Hund und sie war es, die für Ruhe im Rudel sorgte. Eine ruhige Hündin, die durch ihre geistige Stärke alles unter Kontrolle hatte, die trotzdem leicht erziehbar war und ihre Menschen über alles liebte. Der perfekte Hund.

Die Bulldogge als Familienhund

Diese kurzen Geschichten zeigen doch schon einiges vom Wesen der Bulldogge. Natürlich auch, dass sie je nach Hund und vor allem je nach Bulldoggen Zuchttyp und Blutlinie schon von sehr unterschiedlichem Temperament sind, eines jedoch immer gemeinsam haben und dass ist ihre Freundlichkeit und die bedingungslose Liebe zum Menschen.

Man erkennt dass sie charakterstark sind, dass sie aber allem voran verspielte Clowns sind. Derbe und manchmal ziemlich grob, im Spiel mit ihren Artgenossen. Aber auch, dass die ein oder andere Respektlosigkeit, die sich ein Hund heraus nimmt, immer das Ergebnis seiner Erziehung ist.

Deshalb kann man nicht pauschal sagen, dass alle Bullys der Welt so sind. Immerhin ist ein Bully vor allem Spiegelbild seines Umfeldes und Halters. Zeige mir Deinen Hund und ich sage Dir wer du bist. Das ist die Wahrheit. Die Bulldogge zeigt auf jeden Fall mit ihrem Verhalten, wie sie lebt und wie ihre Erziehung ist.

Bullys die in einer harmonischen Familie leben sind auch harmonisch. Liebevoll erzogene Bulldoggen sind tolle Hunde und absolut freundliche Gesellen. Bulldoggen sind gutmütige Familienhunde und ja, sie lieben Kinder.

Wobei man sich aber zuerst einmal Fragen muss, was ein kinderlieber Hund überhaupt ist?
Ein Hund der sich gottergeben an Ohren, Rute und Lefzen ziehen lässt? Der gezwickt und während seines Schlafes plötzlich von den Kleinen überfallen und mit der laut scheppernden Rassel erschreckt wird?
Der geduldig den lautstarken Kindergeburtstag erträgt und beim hüpfen, schreien, springen und toben der Kleinen, nicht einmal mit der Wimper zuckt? Bestimmt nicht.
Kinderliebe Hunde werden nicht einfach so geboren. Hunde werden Kinderfreunde wenn sie von klein auf mit Kindern leben. Wenn Kinder lieb zu ihnen sind und wenn sie deren Gestiken und Geräusche von klein auf kennenlernen durften. Nur dann, wenn ein Hund kleine Menschen kennt und diese gewohnt ist und vor allem wenn er von Kindern nicht gepiesackt wird, dann wird er sich zu einem kinderfreundlichen Hund entwickeln. Ein Welpe der schlechte Erfahrungen mit Kindern machen musste, kann später ein Hund werden, der den Kleinen nicht vertraut. Manche Hunde sind nachtragend. Wären wir Menschen ja auch.

Es liegt immer am Halter ob er einen kinderfreundlichen Hund groß zieht oder eben nicht. Immer! Die gerne hergenommene "Vererbung" greift nicht. Ich weiß es ist angenehmer das erzieherische Versagen dem Züchter unter zuschieben :-)

Wer einen zwei Jahren alten Hund besitzt, der nie Kontakt zu Kleinkindern hatte und welcher deshalb mit deren Verhalten und Lauten überfordert ist, darf sich nicht wundern, wenn sein Hund kein Kinderfreund ist.

Ein Hund der Kleinkinder nicht kennt, kann nichts mit ihnen anfangen. Er versteht nicht, dass es kleine Menschen sind, die sich nur etwas eigenartig benehmen.
Er wird verunsichert reagieren, im schlimmsten Fall fühlt er sich sogar bedroht und Hunde die sich bedroht fühlen, reagieren oftmals mit einer Kurzschlußhandlung, indem sie eventuell auf ein Kind hin schnappen, wenn es ihnen zu ungestüm und kreischend entgegen springt.

Eltern, die nicht in der Lage sind, ihrem Kind zu vermitteln, dass der Hund beim schlafen nicht gestört werden darf, dass man ihm niemals weh tun soll, indem man überall an ihm zieht oder auf ihn zuspringt und laut quietschend vor ihm herum hüpft, um ihn nicht zuverängstigen, sollten sich keinen Hund zulegen. Egal welcher Rasse.

Kinder müssen dem Hund Respekt entgegen bringen und akzeptieren, dass er ein Lebewesen mit Gefühlen wie Angst und Unsicherheit ist, dass er auch Ruhe braucht und dass man ihn niemals aus Spaß erschrecken oder auf andere Weise ärgern sollte.

Wenn ein Welpe in einer Familie mit Kleinkindern großgezogen wird, dann sollten die Eltern dafür sorgen, dass diese den Hund nicht überfordern oder ihn ständig drangsalieren. Sie tragen die Verantwortung für den Welpen.

Ein Welpe ist kein Kinderspielzeug. dass man wie ein Stofftier hervor zerrt, wenn den Kleinen gerade danach ist. Er ist so zu behandeln, dass ihm das Spiel mit den Kindern Spaß macht, dass er Vertrauen aufbauen kann und nicht, dass er Angst vor ihnen bekommt. Wer das nicht beachtet, wird ernten was er gesät hat. Ganz bestimmt sogar. Natürlich muss auch der Welpe dahingehend erzogen werden und wissen, dass er mit Kindern nicht grob spielen darf.

Hunde und vor allem Welpen sind untereinander nicht zimperlich. Da quietscht schon mal der ein oder andere im Eifer des Gefechtes. Der Welpe muss lernen, dass Kinder empfindlicher sind als seine Wurfgeschwister und dass er seine spitzen Zähnchen auch im Spiel, nicht unschuldig in die Arme und Beine von Menschen bohren darf.

Er muss auch erst lernen, dass er ein Kleinkind nicht mit ungestümen Hochspringen umwerfen darf. Bulldoggenbabys können manchmal ganz schön Gas geben und ihnen Grenzen aufzuzeigen, ist des Halters Aufgabe.

Eine ziemliche große Herausforderung für Eltern und man sollte sich gut überlegen, ob man Kleinkind und Welpe zeitgleich erziehen möchte und ob man dieser Aufgabe überhaupt gewachsen ist.
Vielleicht ist es besser erst dann einen Welpen zu kaufen, wenn das Kind zumindest schon mal so groß ist, dass es nicht mehr wackelig auf den Beinen steht.

Ich finde das ideale Alter wäre erreicht, wenn Kinder bereits mindestens 6 Jahre alt sind, weil sie dann schon verstehen, was man einem Tier nicht antun sollte. Wenn der Welpe Glück hat, ist ein Kind in diesem Alter bereits so erzogen, dass es erkennt was falsch und richtig ist und was man nicht mit seinem Hund tun darf.

Ein Welpe wird weniger ertragen müssen und wird sich gut entwickeln können.
Die Bulldogge selbst, bringt so gut wie alles an besten Charaktereigenschaften mit, um einen wirklich kinderfreundlichen und geduldigen Familienhund heran - und aufziehen zu können. Es gibt keinen besseren Familienhund.

Ob das gelingt, liegt alleine bei den Familienoberhäuptern, welche für die artgerechte Haltung, aber vor allem für die liebevolle und konsequente Erziehung, des sensiblen Bulldoggen Welpen und der Kinder verantwortlich sind.

Ich persönlich finde, dass die Bulldogge ein Hund ist, der sich sehr gut und einfach erziehen lässt. Sie ist sehr sensibel und sie ist sehr klug. Was man ihr als Sturheit ankreidet, ist für meine Begriffe keine echte Sturheit, im Sinne von verweigern und absichtlich bockig sein oder etwas nicht machen wollen.

Man sagt dass immer so daher, aber man sollte Sturheit in diesem Fall anders definieren. Es ist eher ein Nachfragen und nicht ein absichtliches Verweigern.
Die Bulldogge ist nicht schwer erziehbar, wie manch einer meint. Ich finde sogar, dass sie sehr leicht zu erziehen ist, weil sie sehr sensibel ist und lieb sein möchte.
Man muss nur konsequent bleiben und geduldig sein. Militärische Strenge bringt nichts, außer dass der kleine Bully sich zu fürchten beginnt und eine unsicherere große Bulldogge wird. Unterdrückung macht die Seele klein. Der Welpe muss sich entfalten können, um ein selbstbewusster Hund werden zu können. Das geht nur mit liebevoller Konsequenz und nicht mit schimpfen und Geschrei.

Alles zu hinterfragen ist Teil ihres Charakters und als Bulldoggen Besitzer, muss man eben etwas umdenken und darauf eingehen. Sie wollen wissen warum sie Dies oder Das machen sollen und es ist am Halter, ihnen das Abverlangte so zu erläutern, dass sie es auch verstehen können.

Nimmt man zum Vergleich eine andere Rasse, wie z.B. den Schäferhund, der einfach macht was man ihm sagt (sofern er erzogen wurde), dann erstaunt einen die Bulldogge immer wieder, weil sie das eben nicht tut.

Ein Beispiel:
Unser Schäferhund Wulf.
Wulf läuft am Stall herum, der
etwas vom Haus entfernt ist. Ich rufe "Wulf!", er guckt, sieht mich und kommt. Er fragt nicht warum, er macht einfach. Zugegeben, auch sehr angenehm.

Unsere Pearl läuft am Stall herum. Ich rufe "Pearl", sie guckt. Sie sieht mich und guckt weiter, so als würde sie fragen, "Was ist?"

Ich rufe nochmals, "Pearl, komm!". Sie guckt und bewegt sich nicht, als würde sie nun fragen, "Warum soll ich kommen?".
Ich rufe nochmals, aber nun "Pearl komm Chappi!". Sie guckt, versteht es und setzt sich in Bewegung. Nun hat sie verstanden warum sie kommen soll. Alles klar.

Es gibt Fressi und darin sieht sie nun auch einen Sinn. So sind Bulldoggen. Das ist keine Sturheit, sondern selbständiges Denken und da man ja nicht irgendein Hund ist, will man eine kurze Erklärung :-)

Ich finde es immer wieder erstaunlich und mir gefällt dieses Verhalten sehr. Ich lache täglich mit meinen Hunden, weil ich es einfach nur toll finde, wie sie sich verhalten.

Das ist kein dummes Verhalten. Sie denken einfach nur mit und manchmal muss man mit ihnen kommunizieren und diskutieren wie mit Kindern, wenn man möchte, dass sie Dies oder Jenes tun. Sie möchten immer wissen warum.

Das ist übrigens mitunter einer der Gründe, warum man in der Bulldogge in vielem ein menschenähnliches Verhalten zu sehen glaubt.

Wer einen Hund sucht, einen Begleiter der auf Anhieb alles ohne zu hinterfragen macht, für den ist die Bulldogge mit Sicherheit nicht der richtige Partner. Ganz bestimmt nicht!

Welcher Zuchtrichtung eine Bulldogge entstammt spielt dabei keine Rolle. Dieses Verhalten haben sie alle. Die Englishe Bulldogge ist noch ein ganzen Stück gemächlicher und es dauert...alles...immer!

Die Alternativen und die Old English Bulldogs reagieren ein wenig flotter, aber Nachfragen, dass machen sie auch. Immer und jedesmal! Manchmal, nervt es, besonders wenn man gerade keine Zeit hat, aber wenn man eines lernt von seinem

Bully, dann ist es ganz bestimmt, sich in Geduld zu üben.
Wer das nicht verkraften kann und generell zu wenig Geduld aufbringt, sollte sich eine Bulldogge wirklich aus dem Kopf schlagen. Es wäre verkehrt.
Beide, weder Hund noch Herr würden glücklich sein.

Bisher schrieb ich über Bulldoggen, welche in ihren Familien leben und dort vollwertige Mitglieder sind. Von Bulldoggen die glücklich sind und ganz normal erzogen wurden.

Aber wie verhält es sich mit Bulldoggen, die nicht in der Familie sondern in Zwingern leben müssen? Das ist häufig bei Züchtern der Fall.

Es gibt Züchter die eine gute Zwingerhaltung betreiben. Das sind wenige Züchter. Solche die ihre Hunde nicht Tag und Nacht darin einsperren. Aber es gibt leider auch solche, die ihre Hunde kaum rausholen und sie sozusagen sich selbst überlassen, in diesen mehr als traurigen Käfigen.
Diese Bulldoggen können sich leider nicht entfalten und ich spreche hier von Zwingerhaltung, in der durchaus gängigen Form.
Tag und Nacht, mit höchstens einer Stunde an Zuwendung, wenn man das überhaupt so nennen kann. In dieser Zeit wird Futter hingestellt, wenn es gut geht die Fäkalien beseitigt und das war es dann auch.

Diese bedauernswerten Bulldoggen verarmen geistig und seelisch. Sie vereinsamen und sie sind vom Wesen her nicht mit denen zu vergleichen, die dass Glück haben in einer Familie leben und voll am Leben teilhaben zu dürfen. Bullys aus derartiger Haltung sind einfach nur arm und es gehört verboten. Ich frage mich immer wieder, wie man Hunden so etwas anzun kann, ohne Mitleid zu empfinden.

Diese Hunde haben nach Ihrer einsamen Zeit im Zwinger, in welcher sie meist als Zuchthunde gehalten wurden, bereits solche Schäden an Geist und Seele, dass sie später nur schwer vermittelt werden und sich auch nicht mehr gut in die Gesellschaft einfügen können.

Sie haben bereits Macken entwickelt, die man nur mit viel Geduld und Einschränkung der persönlichen Freiheit, wenn überhaupt, einigermaßen in denGriff bekommen kann. Sie sind nicht wirklich gesellschaftstauglich, weil ihre Halter ihnen dass nicht gelernt und sie nicht sozialisiert haben

Es ist genau so, als würde man ein Kind weg sperren, ihm alle zur Entwicklung wichtigen Einflüsse vorenthalten und es dann, nach einigen Jahren befreien und in eine Großstadt schicken. Es würde nicht klar kommen. Es wäre ein Schock.
So ist es auch bei Hunden die nur den Zwinger kennenlernen durften und sonst nichts.

Hunde aus dem Zwinger lieben ihren Halter trotz allem. Sie wissen nicht warum er ihnen das antut. Sie sind eben treu und ertragen ihr Schicksal, so wie Hunde es nun mal tun. Sie lieben trotzdem und freuen sich über jede kleine Aufmerksamkeit.

Es sind bedauernswerte Bulldoggen, die manchmal unverträglich mit ihren Artgenossen sind, weil sie echtes Spielen und dass Benehmen anderer Hunde nie gesehen und leider nichts dergleichen gelernt bekamen.
Bedauernswerte Eigenbrötler die mit ihrer Umwelt nicht mehr klar kommen und meistens zum Wanderpokal werden, weil keiner ihrer Halter auf Dauer mit ihnen zurecht kommt.

Englische Bulldoggen sind Gott sei Dank seltener in Zwingern zu finden. Die Alternativen und Oldies jedoch sehr häufig. Die Englischen Bulldoggen lassen sich nach einer Zwingerhaltung leichter "eingliedern", weil sie insgesamt leichter zu führen sind, wenn sie einen Menschen gefunden haben, der sie liebt und sich ihrer annimmt. Sie sind sanftmütig. Feinfühlige Babys.

Bei den Alternativen und Old English Bullys kann es um einiges schwieriger werden. Sie sind zwar genauso sanftmütig, aber mit mehr temperament ausgestattet und derber. Härter im nehmen. Erstmal verhaut, schwerer wieder hinzubekommen.

Solche Hunde gehören in die Hände von echten Hundemenschen. Und echte Hundemenschen gibt es nicht viele. Ich meine Menschen mit Instinkt und angeborenem Gespür für Tiere.
Auch nicht jeder Hundetrainer ist ein echter Hundemensch. Ich glaube, dass man vieles erlernen kann, aber nicht alles im Blut hat.
Und darauf kommt es an.

Hat man es im Blut und ist man ein geborener Hundeflüsterer? Hat man dieses Gespür? Ich denke, dass es viele Propheten gibt, aber nur wenige die auch wirklich verstehen.

Alternative und Old English Bullys aus Zwingerhaltung, werden manchmal von Züchtern abgegeben (im besten Fall) und sollten als Einzelhunde mit Haus und Garten gehalten werden. Dass sie sich gegen ihren neuen Halter oder ihre neuen Familienmitglieder wenden, ist wirklich sehr unwahrscheinlich. Das entspricht einfach nicht ihrem Wesen. Aber sie werden wahrscheinlich nicht auf Hundewiesen mitlaufen oder mit ihren Artgenossen toben können. Sie haben wie gesagt keine Erfahrung darin und Hunde sind keine geborenen Pazifisten.

Wahrscheinlich wird es immer wieder zu Problemen mit anderen Hunden und natürlich mit deren Haltern kommen. Aber Ausnahmen bestätigen auch hier die Regel und es kann natürlich auch gut gehen.

Auch hierbei kommt es auf den Halter an. Ängstliche Menschen und vor allem Menschen die keine angeborene Autorität ausstrahlen, sollten sich gut überlegen, ob sie sich für einen erwachsenen Hund aus langjähriger Zwingerhaltung entscheiden.

Wie ein Bully tickt, erkennt man bereits an ihm selbst. Ist er sehr freundlich und aufgeschlossen? Kommt er vertrauensselig auf seinen neuen, potentiellen Besitzer zu? Dann hat man gute Karten. Ist er zurück haltend oder zeigt er völlige Ignoranz? Beachtet er weder seinen Halter noch andere Menschen? Dann dürfte es schwerer werden.

Gerade für Bulldoggen, die ja sehr kurzes Fell haben, ist die Zwingerhaltung nebst all ihrer negativen Auswirkungen auf das sensible Wesen dieser Rasse, auch wegen ihrer Fellbeschaffenheit eine echte Zumutung und Grausamkeit. Sie frieren im Winter.

Die Bulldogge ist im Normalfall ein absolut verträglicher Hund. Mit allem und jedem. Aber es gibt doch einige unter ihnen, die von Haus aus zur Streitlust mit Artgenossen neigen, auch wenn sie ganz normal in einem Haushalt groß geworden sind und nicht im Zwinger lebten.
Diesem Verhalten muss man schon bei der halbstarken Bulldogge entgegen wirken und sie eben erziehen. Bevor man hilflos zusieht, wie aus dem halbstarken Bulldog ein Terror Bully wird, muss man es anpacken.

Meist sind es die Rüden, die sich nicht riechen können. Aber auch Hündinnen können giftig sein. Sehr sogar. Wenn dass der Fall ist, muss man mit Blitz und Donner einschreiten. Das darf erst gar nicht aufkommen.

Man mag jetzt sagen, dies sei ja bei allen Hunderassen der Fall und das ist auch richtig, aber Bulldoggen haben es etwas schwerer akzeptiert zu werden und dass ist mitunter einer der Gründe, warum sie später mit Hunden anderer Rassen anecken könnten.

Streit unter Hunden ist nichts ungewöhnliches. So sind Hunde nun mal. Ein Hund der einen bestimmten "Feind" hat oder gar mehrere seiner Artgenossen nicht mag, ist deshalb nicht gleich ein schlechter oder gar aggressiver Hund. Absolut nicht!

Die Natur hat es so eingerichtet, dass nur der Stärkste seine Gene weiter gibt und wer das darf, wird in kämpfen bei nahezu allen Tierarten, in der Paarungszeit ausgetragen. Diese Relikte aus der Urzeit, sind auch heute noch in allen Rassehunden, als Überbleibsel und natürliches Verhalten in den Genen verankert.

Dieses Verhalten ist jedoch in unserer Gesellschaft verständlicher Weise unerwünscht.

Kein Halter ist begeistert, wenn sein Hund gebissen wird und man kann anderen Menschen und Hunden einfach nicht zumuten, mit einer streitlustigen Bulldogge konfrontiert zu werden.

Wir können unsere Hunde, die ja nun schon seit einigen Jahrtausenden domestiziert sind und uns Menschen begleiten so erziehen, dass sich Kämpfe und Streit im großen und ganzen vermeiden lassen.

Hunde müssen lernen wie man sich benimmt und wer dass als Halter versäumt und seinem Hund das 1 x 1 der Hunde-Benimmregeln nicht beibringt, wird mit seinem Bully wohl sehr schnell zum Außenseiter werden, in der heutigen Gesellschaft.

Das sollte man weder seinem Hund noch sich selbst antun, denn jeder Hund hat ein Recht auf Spiel mit seinen Artgenossen und jeder fremde Hund hat ein Recht darauf, seinen Spaziergang unbeschadet zu überstehen.

Außerdem, welcher Halter hat schon Lust darauf, bei jedem Spaziergang permanent auf der Hut vor Begegnungen mit anderen Vierbeinern sein oder sich gar täglich abkämpfen zu müssen, wenn ein fremder Artgenosse zufällig seinen Weg kreuzt.
Wer hat schon Lust darauf, seinen Hund immer zurückhalten zu müssen, weil er laut grölend einem anderen an dir Gurgel will. Das wäre der reine Horror.

Das würde einem wirklich jeden Tag vermiesen. Spaziergänge würden zum Spiesrutenlauf werden. Man würde nur noch in sorgenvoller Erwartung und in Angst, sein Haus mit Hund verlassen.

Weder Hund noch Halter würden das Leben bei ausgedehnten Spaziergängen genießen können und wahrscheinlich würde man diese auch schon sehr bald, auf kurze Runden zu unchristlichen Zeiten begrenzen, um ja niemanden mit einem Wuffi zu begegnen.

Das wiederum würde dem Hund schaden, weil er zu wenig Auslauf bekäme und seine Energie nicht abbauen könnte. Ein Teufelskreis.

Besonders bei Bulldoggen sollte man dies beherzigen und warum, das folgt im nächsten Kapitel.

Bulldoggen und andere Hunde

Die Bulldogge hat es von Haus aus nicht so leicht wie andere Hunde. Bereits im jugendlichen Alter bemerkt sie, dass andere Hunde sie nicht richtig einzuschätzen wissen.

Sie ist anders als die meisten Rassen. Sie sieht anders aus, macht andere Geräusche und damit ist nicht eine Atembehinderung gemeint. Viele von ihnen geben Laute von sich, obwohl sie frei atmend sind. Das gehört zu ihrem Wesen.

Gerade bei der reinen Englischen Bulldogge ist das häufig der Fall. Meine Blue Pearl redet andauernd. Wenn ich sie streichle, grummelt sie irgend etwas vor sich hin und eigentlich hat sie immer was zu melden. Ein echter Grunzkäfer.
Sie ist ein gesunder, aktiver und freiatmender Hund.

Für fremde Hunde hören sich diese Geräusche jedoch sehr komisch und wahrscheinlich sogar bedrohlich an. Sie wissen nicht, ob das jetzt ein Knurren und anmachen ist, oder ob es nett und freundlich gemeint ist.

Das führt manchmal zu echten Missverständnissen und unsere Bullys werden entweder von anderen Hunden gemieden oder aber angefeindet. Manchmal werden sie sogar gebissen.

Leider führen Vorfälle dieser Art dazu, dass die junge Bulldogge nichts gescheites aus solchen negativen Erfahrungen lernt. Das merken sie sich.

Sie entwickelt eine Art Abwehrhaltung, die sich aber nicht darauf beschränkt zu warten bis sie wieder angefeindet wird, sondern sie wird manchmal zu einem Hund, der selbst in Aktion tritt und gleich von Haus aus nun andere Hunde anfeindet, um sich bereits im Vorfeld zu schützen und zu verteidigen.

Soweit darf man es erst gar nicht kommen lassen.

Es ist äußerst wichtig, dass der Bulldoggen Welpe viele verschiedene Rassen und deren Verhalten kennen lernt und dass er mit ihnen spielen darf. Ob große oder kleine Hunde, er muss Kontakte mit allen haben dürfen. Er muss lernen dass es auch andere Hunde gibt und dass diese sich je nach Rasse, nicht so verhalten wie er. Dann wird er später kaum Probleme haben. Jeder Welpe sollte in eine Welpenschule gehen. Das ist sozusagen ein Kindergarten für Hundebabys und hier lernen sie sehr viel wichtiges, für das spätere Leben.

Sie treffen auf viele Rassen, sie treffen oft auch auf Kinder, sie lernen sich sozial zu verhalten und sie lernen vor allem, dass man bei Missverständnissen nicht immer gleich streiten und auch mal nach gegeben muss.

Im Idealfall hat die kleine Bulldogge von Anfang an ihre Hundefreunde, mit denen sie sich täglich beim Spazieren trifft und mit denen sie sich austoben und richtig rennen kann.

Die Bulldogge ist ein Hund, die mit vollem Körpereinsatz spielt. Wenn Bulldoggen miteinander spielen, ist das alles kein Problem. Sie grölen laut und prallen aufeinander, dass einem ganz anders wird, aber untereinander sind sie eben so derb. Das ist auch ein Teil ihres Wesens.

Manchmal kann man kaum unterscheiden ob das noch Spiel oder bereits ein ernster Streit ist.

Andere Hunderassen haben damit aber häufig ein Problem. Einigen Rassen ist das einfach zu wild. Ich habe früher immer erlaubt, dass meine Hunde so grob miteinander spielen.

Sie waren unter sich und wenn der ganze Rudel so wild und barbarisch miteinander spielte, war dass kein Problem, so dachte ich zumindest immer.

Fakt ist aber, dass aus solch wildem Gerangel sehr schnell ernst werden kann und dass man auch mal Besuch hat, von Hunden einer anderen Rasse oder in die Hundeschule gehen will und da kommt dieses Verhalten nicht wirklich gut an.

Ich mäßige meine Hunde deshalb seit einiger Zeit, wenn sie zu grob spielen und sich gegenseitig brutal anrempeln und an der Wamme ziehen. Ich verbiete grobes Verhalten seit geraumer Zeit und fördere Fang- und Suchspiele.

Sie müssen lernen, dass man auch sanft spielen kann und ich habe bemerkt, dass fremde Hunde nun auch glücklicher sind und viel lieber, ausgelassen mit unseren Bullys spielen.

Erwähnen muss ich noch, dass gerade kleine Bulldoggen nicht wissen wann sie aufhören müssen. Sie kennen kein Ende beim Toben und man muss wirklich darauf achten, dass sich ein Welpe nicht übernimmt. Sie einfach spielen zu lassen, bis sie von selbst müde umfallen wäre gefährlich. Gerade bei den Englischen Bulldogs muss man wirklich darauf achten, dass sie gut dosiert aufdrehen.

Ich hab schon von Bullys gehört, die zulange wild spielten und danach Schüttelfrost oder Fieber hatten und lahmten. Es ist auch definitiv nicht gut für dass Knochenwachstum. Das Skelett ist noch nicht fertig entwickelt, Wachstumsfugen noch nicht geschloßen und es schadet den kleinen Dicken, wenn sie ohne Kontrolle ihrem Spieltrieb fröhnen.
Man sollte die kleine Bulldogge natürlich spielen lassen aber gut dosiert, mit vielen Pausen, in denen sie sich wieder erholen und runter fahren kann.

Wenn man merkt dass sie sich häufig setzt, ist sie auf jeden Fall schon müde und es ist genug. Auch beim spazieren gehen ist es bei einer kleinen Buldogge ein untrügliches Zeichen dafür, dass man sie nun am besten hoch nimmt und nach Hause trägt.

Die English Bulldog ist massig, gedrungen und relativ schwer. Der Körperbau ist nicht vergleichbar mit einem Labrador, zum Beispiel. Damit sie sich gut entwickeln kann, muss man gerade im Wachstum darauf achten, dass sie sich weder beim spielen noch beim treppensteigen oder spazieren gehen übernimmt.

Auch bei den Old English und Alternativen muss man natürlich je nach Anatomie, ebenso darauf achten. Bei den sportlicheren Zuchtlinien etwas weniger, als bei den massigen Bullys. Umso kleiner und massiger der Welpe, umso achtsamer muss man seine Entwicklung und die Spielstunden überwachen.

Geschichte der Bulldogge

Um das Wesen der Bulldogge zu begreifen, muss man sich zwangsläufig auch mit ihrer Geschichte befassen.

Da es zur Geschichte der Bulldogge jedoch einiges an Information gibt, werde ich diesem Thema nicht besonders viele Seiten widmen, sondern lediglich das Nötigste erwähnen.

Eines ist sicher, kein Hund hat sich im Laufe der Jahre so verändert wie die Bulldogge. Sie wurde vom Bullenbeisser, zum freundlichen und gutmütigen Familienmitglied.

Ihr Ursprung liegt wahrscheinlich bereits im 6. Jahrhundert v. Chr., als handeltreibende Phönizer ihre großen, aus der Levante mitgebrachten Molosser mit den doggenartigen Hunden der Britannen kreuzten.

Es waren starke Hunde und ihr Mut und ihre Schmerzunempfindlichkeit, sind noch heute Überbleibsel aus dieser Zeit.

Im alten England des 16. Jahrhunderts, war das "Bull Baiting" sehr beliebt.

Es wurde dafür eine etwas kleiner Bulldogge gezüchtet, die sich der Aufgabe, einen Bullen nieder zu kämpfen stellen musste.

Dies war nicht nur ein "Sport" für Menschen jeder Gesellschaftsschicht, welche oftmals hohe Wetten abschlossen, sondern zudem ein bizarres und grausames Gesetz, welches vorschrieb, Bullen vor der Schlachtung zu hetzen, um den Adrenalinausstoss zu erhöhen und dadurch sein Fleisch schmackhafter zu machen.

Eine Mißachtung dieses Gesetzes wurde sogar unter Strafe gestellt und man verurteilte ungehorsame Metzger zu hohen Geldstrafen.

Das skurrile Äußere der Bulldogge war darauf gezüchtet, einen Bullen am Maul packen und ihn zu Boden ziehen zu können.

Die ideale Bulldogge war kompakt, von mittlerer Größe, sehr standfest und mit großer Kraft.

Die ihr angezüchtete, kurze Nase und der Vorbiss erlaubten ihr ein festes Zupacken und trotzdem gut Luft zu bekommen.

Die damaligen Bulldoggen waren verglichen mit den heutigen Bullys, um einiges leichter und insgesamt wendiger und flinker. Sie wurden gezielt für diese Arbeit gezüchtet.

Wie bereits erwähnt, wurde in England per Gesetz beschlossen, dass Bullen vor dem Schlachten gehetzt werden müssen, um ihr Fleisch schmackhafter zu machen.

Da die Metzger aber keine Lust hatten, sich selbst im Laufe einer Hetze, mit ihren im Zuge einer derartigen Quälerei natürlich wild gewordenen Bullen, unter Lebensgefahr herum zuschlagen, wurden die Bulldoggen mit diesem Job beauftragt. Der Bulle kam in einen Ring und die Hunde mussten ihn am Maul zu Boden ziehen und festhalten.

Dies hatte den selben Effekt wie eine Bullenhetze.

Es war für die bedauernswerten Bullen mit Sicherheit sehr schmerzhaft.
Ein grausames Schauspiel - von Menschen erfunden.

Dabei durften die Hunde den Bullen jedoch nicht verletzen. Weder sein Fleisch noch seine Haut durfte beschädigt werden, da beides ja verkauft werden sollte.

Der Vorbiss half der Bulldogge einerseits den Bullen mit seinem kräftigen Kiefer fest zuhalten und anderseits wurde sichergestellt, dass sie den Bullen damit nicht so arg verletzen und sein Fleisch danach verkauft werden konnte.

Bulldoggen können noch heute festhalten. Die Gefahr tödlicher Verletzungen ist jedoch aufgrund ihres Vorbisses kaum gegeben. Bulldoggen beißen nicht wie andere Rassen wild um sich. Sie beißen zu und halten fest. Sie haben starke Kiefer und bestimmt ist auch das Festhalten nicht angenehm, aber sie haben weder eine Kiefersperre, noch sind sie in der Lage Fleisch heraus zureißen.

Die Merkmale der Bulldogge waren ein gedrungener und kompakter Körper, eine breite Front und ein großer Kopf mit Falten und Vorbiss.
Das Bullenbeißen wurde im Jahre 1835 verboten.

Nun wird man sich fragen, wie ein Hund der eine derart kämpferische Arbeit hatte, heute zu einem freundlichen und gutmütigen Familienhund werden konnte, was er heute ohne Zweifel ist.

Nun, das rührt daher, dass in der Zucht schon damals immer das Hauptaugenmerk auf Menschenfreundlichkeit und Mut gelegt wurde, da bei Kämpfen jeder Art, in welcher die Bulldogge von ihrem Besitzer eingesetzt wurde, ein besonders enger Kontakt zwischen Mensch und Hund bestand und dass eine Bulldogge loslassen musste, wenn ihr Halter es wollte.

Die Bulldogge musste den Unterschied zwischen Mensch und Tier kennen und durfte ihren Besitzer in keiner Weise verletzen. Das war Voraussetzung.

Die Bulldogge war schon immer ein absoluter Menschenfreund und heute erfreut sie ihre Halter mit ihrem liebenswürdigen Charakter, ihrer Charakterstärke und ihrer nach wie vor vorhandenen Fähigkeit, zwischen Mensch und Tier zu unterscheiden.

Als das Bullenbeißen und auch die Hundekämpfe endlich verboten wurden, war das Glück der Bulldogge, sicherlich ihr Wesen.

Ihre Freundlichkeit gegenüber den Menschen sowie die Fähigkeit, sich in der Familie einzugliedern und sich als Familienhund anzupassen, war wahrscheinlich der einzige Grund warum man sie nicht aussterben ließ.

Im Jahre 1865 wurde der erste offizielle Rassestandard erstellt und der erste Club gegründet.

Der alte Standard der Englischen Bulldogge unterscheidet sich nur geringfügig vom heutigen Rassestandard der Englischen Bulldogge. Dennoch ist ihre Erscheinung heute eine ganz Andere.

Die Bulldogge wurde im Laufe der Zeit immer noch extremer gezüchtet und diese Übertreibung machte sie nicht nur träger und gemütlicher, sondern auch noch skurriler in ihrem Aussehen und langsamer. Ihr Wesen ist einmalig und die Englische Bulldogge gehört heute zu den freundlichsten Familienhunden die man kennt.

In den 70-iger Jahren wurden erstmals Stimmen laut, welche den Auswüchsen der Extremzucht aus gesundheitlichen Gründen entgegenwirken und die Englische Bulldogge wieder so züchten wollten, wie sie ursprünglich im 18. Jahrhundert aussah. Flinker und schlanker, etwas langbeiniger und weniger Falten. Aus diesem Vorhaben entstanden verschiedene neue Bulldog Rassen und Zuchtlinien, wie z.B. die Olde English Bulldogge, welche Mr. David Leavitt 1970 zu züchten begann.

Die Hermes, Dorset, Renascence Bulldoggen und diverse Linien der Old Typ Bulldoggen, sowie verschiedene Alternative Zuchtlinien folgten. Alle diese Rassen haben bereits seit vielen Jahren einen eigenen Rassestandard, sind aber nicht FCI anerkannt. Ich bedaure das in keiner Weise.
Die FCI war und ist für alle Rassen die wir heute kennen, gerade was die Gesundheit betrifft, nicht gerade förderlich gewesen. Es wurde Jahrzehnte nur auf Schönheit gezüchtet. Wohin das führte kann man heute bei allen Hunden an den rassetypischen Krankheiten, von welcher wirklich jede Rasse betroffen ist, deutlich erkennen. Die Rassen und deren Zucht, stehen sozusagen vor dem Aus.
Bei der Englishen Bulldogge hat man es soweit getrieben, dass sie wirklich teilweise nur noch zu bedauern war. Nur die fettesten, mit den größten Nasenfalten und riesigsten Köpfen standen auf den Siegerplätzen. Hunde die man rein und raustragen musste, weil sie oftmals den Weg in den Ring nicht schafften. Das alles geschah unter der Aufsicht der FCI und deren Richter und wurde gefördert.
Mittlerweile fand aber ein Umdenken statt und es gibt bereits English Bulldogs, die diesem damaligen Idealbild nicht mehr entsprechen.
Dennoch finde ich alle Old English und besonders die Alternativen Zuchtlinien mehr als gerechtfertigt. Natürlich haben diese auch ihre Wehwechen. Das kann gar nicht anders sein, denn es sind Abkömmlinge der Englisch Bulldogge.

Es wird vielleicht sogar nie wieder möglich sein diverse Krankeheiten auszumerzen, weil diese einfach in den Genen vorhanden sind und auch gewissenhafte Selektion nicht ausreichen wird, um wieder völlig gesunde Hunde züchten zu können. Zumindest aber kann man dafür sorgen, dass sie aufgrund schlankerer und gemässigter Körperform, echte Lebensqualität haben und sich wieder wie Hunde bewegen können.

All die Zuchtformen der verschiedenen Bulldoggen Linien. unterscheiden sich zum Teil sehr in Aussehen und Wesen. Es gibt sie in allen Farben und Formen. Es gibt große schlanke, kleine massige, mittelgroße und sportliche, sehr kurze Nasen, aber auch sehr lange Fänge. Es gibt durchaus triebige und sehr aktive Bullys. Richtige Sportler.

Auch wenn sie sich im äußeren Aussehen unterscheiden, eines haben sie nach wie vor alle gemeinsam. Das ist ihr ausgesprochen guter Charakter und ihre Freundlichkeit gegenüber dem Menschen. Darin unterscheiden sie sich nicht voneinander.
Ihr gutmütiges Wesen ist ein angeborenes Charaktermerkmal und wenn man sie nicht mit einer ihrem Wesen nicht zuträglichen Ausbildung "verzieht" und charakterlich verhaut, gehören sie zu den Rassen, die bestens als Familienhund geeignet sind.

Verschiedene Bulldoggen Zuchtlinien

Hier möchte ich einen kurzen Überblick der verschiedenen Bulldoggen Zuchtlinien geben.
Alle diese folgenden Bulldoggen Rassen werden irreführender Weise landläufig seit vielen Jahren als OEB (Old English Bulldog) bezeichnet. Dieser Begriff hat sich unaufhaltsam zu einem Überbegriff etabliert.

OEB ist aber bei weitem nicht gleich OEB und es bedarf einer korrekten Aufklärung, damit man hier einigermaßen durchblickt.

Was ist eine OEB?- "Olde English Bulldogge"

Die Olde English Bulldogge ist die Leavitt Bulldogge. Sie wurde in den 70 Jahren von David Leavitt gezüchtet und ist eine gefestigte und gut durchgezüchtete Rasse, mit eigenem und einheitlichen Rassestandard.
Nicht FCI anerkannt. Da es durch Olde und Old - kurz OEB- immer zu Verwirrungen kam, nennt Mr. David Leavitt seine OEB seit geraumer Zeit - Leavitt Bulldogge. Der Zucht und Dachverband ist die LBA (Leavitt Bulldog Assosiation) in den USA.
Die Hunde haben ein liebenswertes Wesen, sind aktiv und temperamentvoll aber leicht erziehbar und gutmütig. Starke Charaktere und sehr ausdauernd.

Was ist ein "Old English Bulldog?" - ebenfalls kurzform OEB.

Das sind weitere gefestigte und seit Jahrzehnten gut durch gezüchtete Bulldoggen wie Dorset, Hermes, Renascence, Old Victorian Bulldogge und weitere...

Sie alle haben jeweils einen eigenen und einheitlichen Rassestandard sind jedoch ebenfalls nicht FCI anerkannt. Renascence bedeutet "Wiedergeburt" und hat nichts mit der Renaissance zu tun.
Der Renascence Bulldogge unterstellt man zu unrecht und zwar aufgrund ihrer roten Nase, die Einkreuzung von Listenhunden. Dies ist nicht richtig.

Die Renascence Bulldogge ist seit Jahrzehnten gefestigt und eine gut durchgezüchtete Old English Bulldog Rasse, in die natürlich kein Listenhund eingekreuzt wird.
Zuchtregister ist neben dem Renascence Bulldogge Kennel Club unter anderem die IOEBA und auch einige Deutsche Vereine wie die URCI und MBV e.V.

Starker Charakter, teils triebig mit großem Arbeitswillen und Leistungsvermögen. Braucht auf jeden Fall geistige und körperliche Beschäftigung. Sensibel und freundlich. Gutmütig und loyal. Konsequente und liebevolle Erziehung zu empfehlen.

Was ist ein "English Bulldog Old Typ, History Bulldog, Old Style Bulldogge ?" usw...

Das sind Bezeichnungen für Old English Bulldog Linien (Dorset, Old Victorian usw...die ebenfalls in den 70-iger Jahren begründet wurden) und welche immer wieder mit Englischen Bulldoggen gekreuzt wurden.

Deren Nachkommen verpaarte man untereinander und diese wieder mit English Bulldog und danach wieder mit Bulldog Old Typ und so weiter, weil sie dem Aussehen der historischen Bulldogs, wie sie im 18. Jahrhundert aussahen, sehr nahe kommen. Keine FCI Anerkennung.

Alle historischen Bulldoggen hatten bis ins 19. Jahrhundert keinen Rassestandard.

Erlaubt waren alle Größen und alle Farben.
Als Rassestandard wird heute häufig der IOEBA Standard genommen. Zuchtregister ist die IOEBA in USA - der EKC (European Kennel Club) und auch einige Deutsche Vereine wie der MBV e.V.

Wie alle Zuchlinien haben sie ein freundliches Wesen, sind gutmütig und arbeitswillig. Je nach English Bulldog Blutanteil mehr oder weniger aktiv. Leicht erziehbar, trotz Willensstärke.

Was sind Alternative Bulldogs?

Alternative Bulldoggen sind Bullys, die aus Kreuzungen aller bestehenden, anerkannten (English Bulldog) und nicht anerkannten Bulldoggen Rassen (Old Typ) enstehen.
Verpaart werden teils oben genannte und auch nicht genannte Bulldoggen Rassen miteinander. Je nach gewünschtem Erscheinungsbild und nach eigener Vorstellung des Züchters, werden geeignete Bulldoggen miteinadner verpaart.

Auch die gesundheitlichen Aspekte spielen hier eine große Rolle. Der Genpool soll vergrößert werden und gesundheitliche Schwächen der jeweiligen Bulldoggen Rassen, sollen im Rahmen dieser Zucht verbessert werden. Alle Farben und Größen sind erlaubt. Keine FCI Anerkennung. Als Standard wird meist der IOEBA (Internationale Old English Bulldog Assosiation) Standard genommen, da er so ausgelegt ist, dass alle Alternativen Bullys darin Platz haben.

Register ist die IOEBA, der EKC, der MBV e.V. und auch einige Deutsche Vereine, mit Zuchtordnung und Regeln.

Aktive und charakterstarke Hunde mit freundlichem Wesen und absolute Menschenfreunde.

Was ist der Continental Bulldog?

Das ist eine neue Rasse, die jedoch aus den bereits bestehenden alten und neueren Bulldoggen Rassen gezüchtet wird. Miteinander verpaart werden English Bulldog, Olde Englishe Bulldogge (Leavitt), Old English Bulldog (Renascense und Olde Victorian), Kreuzungen aus diesen Rassen und andere Alternative Bulldoggen. Begründerin ist Imelda Angehrn.

In der Schweiz ist der Continental Bulldog als Rasse anerkannt, die FCI Anerkennung wird angestrebt.

Im Moment ist die Continental Bulldogge von ihrem Blutlinienanteil noch eine "Alternative Bulldogge", die im Rahmen einer kontrollierten Zucht den eigenen, vom Continental Bulldog Club vorgegeben Standard dieser neuen Rasse erreichen soll.
Besonders auf das HD und ED Röntgen wird geachtet.

HD Grad-C ist in der Zucht erlaubt. Höhere Grade, dürfen nach Beurteilung des Zuchtleiters noch in die Zucht.

Zuchtverband ist der Continental Bulldogclub.

Was ist ein Modern English Bulldog (kurz MEB)

Die "Modern English Bulldogge" ist keine OEB. Vielmehr ein moderner und sportlicherer English Bulldog.

Es ist die Bezeichnung unserer eigenen Zuchtrichtung und Bulldoggen Linie, für eine moderne Englische Bulldoggen Variante mit echter Lebensqualität.
Um sich abzugrenzen, bekam unsere Zuchtlinie den Namen "Modern© EnglishBulldog". Es handelt sich um eine Zuchtlinie und Zuchtrichtung, die von der geringen Größe und Typ, (English Bulldog, jedoch in gemäßigter und trotzdem typvoller Form) ohne Einkreuzung von Terrieren, dem persönlichen Geschmack und der Philosophie der MEB Züchter entspricht.
Größter Wert wird auf gesunde und besonders freundliche Hunde in angenehmer Größe gelegt. Das künftige Zuchtziel, welches bei unserer Bulldoggen Linie, die als Familienhund bestens geeignet ist angestrebt wird, ist eine Größe von ca. 40 cm. Die MEB sollen breite Mäuler und kurzen Nasen haben, jedoch nicht zu kurz, freiatment und ohne riesige Nasenfalte, sehr typvoll, mit rassetypischen, aber gemäßigtem Vorbiss sein und auf jeden Fall wie Bulldoggen aussehend.

Die Modern English Bulldogge soll aktiv aber nicht triebig, massig und kompakt, von kräftiger Statur mit breiter Brust, jedoch nicht fett und unbeweglich, mit mäßiger Faltenbildung an breitem Kopf, im English Bulldoggen Typ stehend, freundlich mit enormer Ausstrahlung und gelassenem Gemüt sein.

Eine Bulldogge, die sich als freundlicher Familienhund bestens eignet und die trotz ihrer geringen Größe (im Gegensatz zu anderen Bulldoggen Linien, die bereits über 50 cm erreichen) enorme Ausstrahlung, ein liebevolles Wesen und eine starke Persönlichkeit aufzeigt.
Zuchtverband ist der MBV e.V. (Modern Bulldog Verein)

Es ist eigentlich nicht schwer, die verschiedenen Bezeichnungen zu durchschauen und die diversen Bulldoggen Zuchtlinien auseinander zuhalten. Irreführend ist und war eben immer nur, dass alle zusammen landläufig als OEB bezeichnet werden, weil man sie ähnlich schreibt.
Olde English Bulldogge (Leavitt Bulldog) und
Old English Bulldog (weitere Zuchtlinien mit eigenem Standard)
Vom Wesen unterscheiden sie sich nicht sonderlich. Alle sind menschenfreundlich und sehr gute Familienhunde. Der einzige Unterschied ist im Temperament zu finden.

Umso näher die Zuchtlinie an der Englischen Bulldogge ist, umso gemütlicher sind die Hunde. Zuchtlinien die schlanker und langbeiniger sind, sind auch aktiver und etwas triebiger. Je nach dem was man sich von seiner Bulldogge erwartet, sollte man seinen künftigen Welpen eben dementsprechend auswählen.

Will man sie auch mal zum Joggen mitnehmen, empfiehlt sich eine Zuchtlinie, welche nicht so nahe an der English Bulldogge gezüchtet wurde.

Sucht man einen gemütlichen Hund, der einfach Freude in die Familie bringt und nicht täglich stundenlang laufen möchte, dann ist eine Englische Bulldogge oder eine Zuchtlinie sehr nahe an der Englischen Bulldogge besser geeignet.

Umso schlanker und langbeiniger umso aktiver ist die Bulldogge und auch ihrer Erziehung ist etwas aufwendiger. Ich persönlich finde, dass diese Bullys wirklich höhere Ansprüche an die Erziehung stellen. Es ist ein Unterschied ob man einen Hund mit viel Temperament erziehen muss oder einen Hund, der von Haus aus mehr Gemütlichkeit mitbringt. Menschenfreunde sind sie alle! Das ist einfach Fakt.

Es sind Hunde die niemals einen Menschen angreifen, es sei denn man hat sie dazu abgerichtet.

Natürlich kann auch eine Bulldogge beißen. Alle Hunde haben Zähne und alle Hunde können beißen.

Hunde wurden von der Natur mit Zähnen ausgestattet, was aber nicht bedeutet, dass sie damit bevorzugt Menschen beißen.
Ganz im Gegenteil.
Eigentlich hat der Hund als Gefährte des Menschen, von Haus aus eine hohe Beißhemmung gegenüber Personen. Menschen zu beißen ist ihm nicht angeboren.

Aufgrund ihrer Gutmütigkeit und ihres guten Charakters, wird man deswegen eher selten etwas von bösen Bulldoggen oder Beissvorfällen mit dieser Rasse hören.
Und wenn, dann ist es wie immer die Schuld des Halters. Das ist Fakt!

Obwohl es seit Jahrzehnten sehr viele Bulldoggen Zuchtlinien gibt, deren Urvater immer die Englische Bulldogge ist, welche aber schlanker, aktiver und wendiger gezüchtet werden, hat dies ihrem liebenswerten Charakter nicht geschadet. Sie sind nach wie vor sanfte und sensible Gemüter und absolute Menschenfreunde.
Ihr Aussehen führt leider dazu, dass man sie häufig in die Kategorie Listenhund steckt und wenn man sich eine Bulldogge kauft, muss man teilweise wirklich starke Nerven haben. Die Unwissenheit und

Vorurteile der Menschen sind unglaublich und man muss sich eine dicke Haut zulegen, denn Angriffe von den durch Medien verhetzte Mitmenschen, die der Panikmache in Bezug auf Listenhunde nur zu gerne glauben, sind nicht selten und als Halter eines Hundes, der wie ein sogenannter "Kampfhund" aussieht, kann man zeitweise ganz schön was erleben.

Aber es gibt Gott sei Dank auch tolle Menschen. Menschen welche unsere Rasse lieben und sie einfach nur toll und bezaubernd finden.

Wo wir nun bei einem Thema wären, dass mir wirklich unter den Nägeln brennt.

Die Kampfhunde!

Was zur Hölle ist ein Kampfhund?

Die Bezeichnung Kampfhund (ich hasse dieses Wort) beschreibt keine Rasse, sondern deren Beruf.

Es gibt Hirtenhunde, Fährtenhunde, Rettungshunde usw... Das alles sind Bezeichnungen für Berufe.
Es gibt keine Rassen die nach ihrem Beruf benannt werden und es gibt demzufolge auch keine Rasse, welche Kampfhund heißt.
Es gab Hunde deren Job es war zu kämpfen.
Es war ihre Arbeit, die sie auf Wunsch ihrer Menschen ausführten.
Sie wurden missbraucht und waren Sklaven ihrer herzlosen Halter.
Die Bulldogge ist kein Listenhund. Bisher in keinem Bundesland soviel ich weiß. Als Hundeliebhaberin aller Rassen bin ich jedoch gegen jede Art von Listen, die dazu dienen Menschen und deren Vierbeiner zu diskriminieren und die Gesellschaft zu spalten und das ist leider seit Jahren der Fall.

Es ist ein echtes Armutszeugnis für den modernen Menschen, dass er Rassen auf eine Liste setzen muss, weil er nicht fähig ist deren Halter in die Verantwortung zu nehmen, dem Volk aber Sicherheit vorgaukeln will. Die Kriminellen haben nach wie vor Hunde, die sie für ihre Zwecke einsetzen können.

Egal ob meine Rasse davon betroffen ist oder nicht. Das kann und darf nicht sein.
Es macht mich sehr wütend.
Es macht mich wütend wenn Hundehalter als Kriminelle abgestempelt werden, weil sie einen gelisteten Hund haben und es macht mich auch sehr traurig, dass Hunde nur aufgrund ihres Aussehens und ihrer Rasse wegen vorverurteilt werden und als Bestien gelten, welche angeblich nur darauf warten, ein Blutbad anzurichten und Kinder aufzufressen.

Die Liste hat dazu geführt, dass es in der Wahrnehmung des Volkes überhaupt keine Rolle mehr spielt, ob ein Hund gebissen hat oder nicht. Für die Bürger ist ein gelisteter Hund böse. Punkt. Sehr einfach, sehr dumm.
Menschen die solche Hunde halten, werden häufig beschimpft, angepöbelt, bedroht und ausgegrenzt.

Die Medien haben volle Arbeit geleistet und Politik und Medien spielen sich in dieser Sache gegenseitig zu. Ein böses, verlogenes Spiel, auf Kosten der Hunde und deren Halter. Es ist sehr erschreckend welche Macht die Medien haben und vor allem macht mir Angst, dass Menschen sich so manipulieren lassen und alles glauben was man ihnen vorsetzt.

Die Beißstatistik spricht nämlich eine andere Sprache, aber wen interessiert das schon...

Ich möchte eigentlich nicht weiter auf die Liste der gefährlichen Hunde eingehen, weil sowieso jeder Mensch mit Gerechtigkeitsempfinden weiß, dass sie ein weltweites Verbrechen an Hunden ist. Jeder der sich damit befasst weiß, dass Hunde heute die Opfer von Behördenwillkür und Panikmache sind.

Es werden jährlich ca. 4-5 Millionen getötet.
Teilweise sogar ihren Familien weg genommen, abgegeben, vergast und eingeschläfert. Nur weil sie der falschen Rasse angehören oder diesen ähnlich sehen. Das reicht schon völlig aus.
Hunde die noch nie jemanden gebissen haben und ihr gesamtes Leben nicht auffällig wurden. Die USA natürlich führend.
Leider liest man über das gesamte Ausmaß dieser Grausamkeiten an Hunden, nie etwas in den hiesigen Zeitungen.

Man schweigt dieses Thema absichtlich tot, um sich nicht den massiven Unmut der Hundefreunde im Lande zu zuziehen. Wer sich jedoch auf Facebook unter "BSL" ein wenig schlau macht, wird die tatsächlichen Auswüchse dieser mittelalterlichen Gereultaten an Hunden erst wirklich wahrnehmen und wie ich, einfach nur geschockt sein.

Ich kann bis heute nicht begreifen, warum die Hundehalter dass mit sich machen lassen. Warum Tierschutzvereine und Veterinärämter sich nicht massiver dagegen wehren.

Geschockt bin ich immer wieder über den Gleichmut, mit welchem das alles hingenommen und tot geschwiegen wird.

Auch von Hundehaltern kleiner und nicht betroffener Rassen hört man oftmals Ausagen, die man nicht fassen kann. Die Mär von der Beißkraft eines Krokodiles hält sich nach wie vor und ist noch immer eine beliebte Begründung, warum die Liste vielleicht doch nicht so schlecht sei. So argumentiert man nach wie vor, in den diversen einfältigen Kreisen.
Und man staune, es gibt auch Hundetrainer und Hundeschulen welche in diese Kerbe schlagen.
Menschen die haaresträubendes zu erzählen wissen und so tun, als wären sie Kenner der gelisteten Rassen. Welche in Wahrheit jedoch nur einen überhöhten Geltungsdrang haben und intelligent und Wissend erscheinen möchten. Manchmal sind es aber einfach auch nur Menschen, denen die Bulldogge nicht gefällt.
Menschen, die nicht wissen was sie anrichten mit ihren inkompetenten und dummen Aussagen.
Da wird teilweise von angeblich nicht vorhandenen Hirnschranken geredet und ich frage mich oft, wo die besagten Schranken bei diesen Menschen wohl geblieben sind.
Sollten Sie jemals an eine Hundeschule oder einen derartigen Trainer geraten, drehen Sie am besten auf dem Absatz um und verlassen Sie den Ort des gruseligen und gefährlichen Schwachsinnes unverzüglich.

?

Warum werden Hunde verteufelt, die nie etwas getan haben, nur weil sie einer Rasse angehören vor der sich der unaufgeklärte oder besser gesagt, der aufgehetzte Mensch fürchtet (nachdem er ständig von den Medien in reißerischen Schlagzeilen, auf die heute anscheinend größte Bedrohung der Menschheit hingewiesen wurde und wird).

Eine Dame sagte vor kurzem, sie sei auch für die Liste, denn ihr kleiner Hund wäre auch erst kürzlich von einem "Kampfhund" gebissen worden.
Abgesehen davon, dass sowieso jeder Hund heute schon ein angeblicher Kampfhund zu sein scheint, verstehe ich nicht, wie man als Hundehalter, auch wenn so etwas passiert sein sollte, für eine derart abartige Liste sein kann. Entweder man liebt Hunde oder nicht. Alle oder Keinen.
Weil ein menschliches Wesen jemanden vergewaltigte, wird man wohl kaum alle Männer unserer Spezie, als potentielle Vergewaltiger auf eine Liste setzen. Das wäre abnormal und widersinnig. Mit den Hunden macht man das. Ganze Rassen werden als Bestien stigmatisiert und verurteilt. Und ihre Halter natürlich ebenso.

Ich möchte aber nun lieber darauf eingehen, wie es überhaupt soweit kommen konnte, dass die Menschen heute so ein Problem mit Hunden haben und warum es recht schwer ist, ein Hundehalter zu sein, in diesen Tagen.

Hundehaltung heute

Seit ca. 15.000 Jahren lebt der Mensch mit Hunden in einer engen Gemeinschaft. Aus der Geschichte des Menschen ist der Hund als kulturelles Erbe nicht wegzudenken.

Die Sehnsucht und der Wunsch ein Tier zu halten, ist nicht nur ein Hobby, sondern entspringt einem alten Grundmotiv. Nämlich der Sehnsucht nach Natur. Nach dem verlorenen Paradies. Hunde waren von jeher die treuesten Haustiere der angeblich so klugen Menschen und sie sind nicht mehr weg zu denken.
Seit Hunde bei Menschen leben, gab es auch Probleme mit Hunden. Nur war der Mensch früher viel naturverbundener und dadurch in der Lage, angemessen auf etwaige Gefahren zu reagieren. Man begegnete echten oder lediglich behaupteten Gefahren durch Hunde mit ziemlich großem Gleichmut. Niemand wurde wie heute hysterisch oder panisch. Früher wußte man noch das Hunde beißen können. Niemanden interessierte das sonderlich.
Für Kinder wie ich damals eines war, war es ganz normal, dass unsere Hunde mit uns unterwegs waren. Wir streiften zusammen durch die Welt. Und es waren keine kleinen Hunde. Rottweiler, Bernhardiner, Schäferhunde. Das waren unsere Freunde und wir hatten Spaß.

Durch die Wälder und über Wiesen liefen wir. Sie waren unsere Begleiter und Spielgefährten. Ich hatte nie einen Grund mich vor ihnen zu fürchten. Und fremde Hunde, da fragte man eben, ob sie nett sind oder eben nicht, bevor man sie anfasste.

Hätte ich zuhause erzählt, dass mich der Hund des Nachbarn angeknurrt hat, dann wäre die Antwort so ausgefallen: "Geh halt nicht dort vorbei und nimm den anderen Weg!" Eigentlich logisch :-) Man lernte als Kind dadurch sehr schnell, sich richtig zu verhalten und vor allem kein unnötiges Getöns zu machen, wegen einer Lapalie dieser Art.

Mehr Aufmerksamkeit hätte man dieser Sache sicher nicht gewidmet. Heute sieht das anders aus. Heute würde man die Polizei rufen und Unterschriften sammeln. Sehr traurig und für meine Begriffe ein echtes Armutszeugnis.

In den letzten 20 Jahren hat sich alles schlagartig geändert. Es erfolgte eine radikale Veränderung in der Einstellung der Menschen zum Hund.

Der Bezug zur Natur, zu den Tieren, ja sogar zu den normalen Haustieren, ist völlig verloren gegangen. Die moderne Gesellschaft hat anscheinend noch immer nicht begriffen, dass Tiere zu uns gehören wie Pflanzen, Wasser und Luft. Alles gehört zusammen. Anscheinend geriet auch in Vergeßenheit dass wir selbst von Tieren abstammen und uns nicht immer so wichtig nehmen sollten.

Was ist passiert? Sind die Hundebesitzer oder die Hunde selbst heute anders? Ist der Mensch unfähig geworden Hunde zu halten? Eher nicht.
Die Gesellschaft hat sich geändert und die Einstellung des Volkes zum Hund ist heute total anders als noch vor 20 Jahren.

Der schlimmste Fehler eines Hundes war früher sicherlich, wenn er nicht imstande war seine Familie zu beschützen. Ein Hund der nicht Biß wurde abfällig als Taugenichts und unnötiger Fresser bezeichnet. Fragte man früher einen Hundebesitzer ob sein Hund beißt, dann kam wie selbstverständlich ein stolzes, „ja natürlich!". Heute jedoch müssen die Hunde in jeder Situation verträglich lieb und niedlich sein. Ohne Macken und jedermanns Liebling.

Selbst einige Wesenstest-Beauftragte, die sich mit Hunden eigentlich auskennen müssten, erwarten sich von Hunden ein absolut unnatürliches Verhalten. Sie verlangen von Hunden sogar, dass sie während eines Wesenstestes gelassen bleiben, während sie samt ihres Halters lautstark mit einem Gegenstand bedroht und angegriffen werden.

Als ich das sah, fragte ich mich wirklich, was eigentlich mit den Menschen los ist.

Gesellschaftstaugliche Hunde dürfen sich in der heutigen Zeit weder wehren noch ihren Halter beschützen. Es wird einem Tier abverlangt, was nicht einmal ein Mensch in der Lage ist zu erfüllen.

Manche sprechen sich überhaupt gegen Hundehaltung in den Städten aus. Das wäre nicht artgerecht. Ich behaupte, dass man viele Rassen sehr wohl in Städten halten kann. Hunde sind Meister der Anpassung und werden auch in Wohnungen glücklich. Sie dürften jedoch weder bellen noch schnuppern, weder wedeln noch hüpfen und man will ihnen verbieten Hund zu sein.

Sie müssen heute absolut weichgespült sein, um überhaupt toleriert zu werden. Doch das ist bei weitem noch nicht alles. Hunde dürfen auch nicht mehr wie Hunde aussehen.

Sie sollen Kuschelfell haben, klein sein, Puppengesichter mit Kulleraugen haben und jederzeit in Handtaschen transportfähig sein.

Ein Hund der dieser Vorstellung nicht entspricht, hat es schwer. Nicht nur einmal wurde sogar in unserem Land von der Polizei mehrfach auf einen freilaufenden Hund geschossen, nur weil er im Aussehen einem Listenhund angeblich ähnlich war.
Denunzianten haben Hochkonjunktur.

Hinter jeder Fellnase die größer ist als 35 Zentimeter und eventuell auch noch kurzes, gestromtes oder rotes Fell hat, wird von der ach so besorgten Nachbarschaft ein gelisteter Hund vermutet und bei den örtlichen Polizeidienststellen Meldung gemacht.

Eine völlig übertriebene Hysterie die teilweise schon dümmlich anmutet. Warum? Die Angriffe durch Hunde sind genau genommen sehr gering, dennoch erregt sich der Mensch über jede reißerische Schlagzeile eines Hundebisses mehr, als über die Tausende von Verkehrstoten jährlich.
An Unfälle hat sich der Mensch gewöhnt und ob es nun 15 oder 20.000 Tote jedes Jahr sind, keiner regt sich darüber auf. Ganz im Gegenteil. Man wehrt sich sogar noch gegen eine gesetzliche Geschwindigkeitsbeschränkung. Die meisten Autofahrer sind nicht gewillt das Risiko zu minimieren und die Geschwindigkeitsbeschränkungen einzuhalten.

Was ist mit den Betrunkenen im Verkehr?
Was mit Gewalt in den Familien? Jedes 3. Kind wird Opfer häuslicher Gewalt - mit Todesfolge.
Werden deshalb Autos verboten, oder Familien generell als Orte der Gewalt eingestuft und kriminalisiert? Wird Alkohol verboten?
Nein, natürlich nicht. Man muss einen Führerschein machen und es gibt Punkte für Fehlverhalten.

Das man von einem freilaufenden Hund. der plötzlich um die Ecke kommt gebissen wird, ist höchst unwahrscheinlich. So unwahrscheinlich, dass die Chance von einem Blitz erschlagen zu werden gleich 10 Mal höher ist.

Heute richtet sich der Hass jedoch gegen Hunde, die als brutale Täter und rasende Monster angesehen werden. Dafür zeichnen wie gesagt die Medien verantwortlich, welche vor einigen Jahren jeden Hundevorfall hochspielten und auf diese Weise Panik und Angst vor Hunden verbreiteten. Alleine dass es sie gibt, ist für viele Menschen schon ein großes Übel. Ein paar Kriminelle, die ihre Hunde scharf machten, waren Auslöser für die heutige Tendenz Hundehaltung zu vermiesen, aber es trifft wie immer die Falschen. Nämlich die ganz normalen Hundebesitzer mit lieben Familienhunden, die unter dem Hundehass der Bürger zu leiden haben. Anstatt einen Hundeführerschein einzuführen, werden gewisse Rassen verteufelt und Hunde und Halter gesellschaftlich geächtet und diskriminiert.

Der neue Trend, Hunde zu vergiften und Köder auszulegen ist ein abartiger Nebeneffekt, der um sich greift weil die Menschen heute anscheinend auch nicht klüger oder zumindest noch immer gleich bösartig sind, wie sie es auch im Mittelalter schon waren, als man den Wolf fast ausrottete. Aus den selben, primitiven Gründen.

Was sollen all diese Listen und Verbote?
Diese Form der Rassendiskriminierung bringt nichts.
Man weiß doch heute ganz bestimmt, dass die Kriminellen bei einem Verbot einer Rasse, einfach die Hunderasse wechseln, denn es ist duschaus bekannt, dass man aus jedem Hund einen gefährlichen Beißer machen kann.
Genauso wie man aus jedem Hund auch ein braves Familienmitglied machen kann.

Vielleicht sollte man mal darüber nachdenken, lieber die üble Zwingerhaltung und generell die Haltung. in Scheunen und Schuppen zu verbieten und fahrlässige Halter von Hunden endlich zur Verantwortung ziehen.

Und vielleicht wäre es gut, die Menschen mehr dahingehend aufzuklären, wie man sich Hunden gegenüber verhalten sollte.

Es ist nämlich sehr traurig, dass so viele Menschen sich Hunden gegenüber heute völlig falsch verhalten.
Bei uns am Haus zum Beispiel, wird sehr häufig einfach über den Zaun gegriffen. Von Fremden.
Auf der anderen Seite, wird eine freundliche Begrüßung des Hundes oftmals als Angriff interpretiert. Mir scheint, die Menschen wissen nicht mal mehr die normalsten Verhaltensweisen von Hunden richtig einzuschätzen. Der Instinkt ist futsch.

Und sehr schade ist auch, dass man Kinder heute der Natur immer mehr entfremdet und sie von Hunden fernhält, anstatt ihnen zu zeigen, dass der Hund ein treuer Partner des Menschen ist und keine Bestie.

Gerade um Unfälle mit Kindern zu vermeiden, wäre es meiner Meinung nach angebracht, diese schon von klein auf mit Hunden zu konfrontieren, damit sie den richtigen Umgang lernen können und nicht wie manche Eltern, bereits in eine Starre verfallen, nur wenn sie einen Hund von weitem sehen.

Man weiß das Eltern ihren Kindern Ängste vermitteln und diese dann wiederrum zu Menschen werden die sich vor Tieren wie Mäusen, Spinnen und nun auch Hunden fürchten.
Ängste schränken die Lebensqualität ein und es wäre gescheiter den Kindern zu zeigen, dass Hunde keine Monster sind, sondern dass man den richtigen Umgang mit ihnen lernen muss.

Im Moment sieht es leider so aus, als müsse der Hund in der heutigen modernen Zeit als Ersatz für den bösen Wolf herhalten, um die Ur-Triebe und Ängste, nämlich von einer Bestie bedroht und somit ein Ungeheuer besiegen, verfolgen und töten zu können, zu befriedigen.
Alleine das der Hund Zähne hat, reicht völlig aus um ihn zu verteufeln.

Erziehung

Um den Mitmenschen die Angst wieder zu nehmen und einen braven Hund führen zu können, muss man ihn erziehen.
Das ist sehr wichtig, denn gerade in der heutigen Zeit sollte man mit seinem Hund nicht zum Stein des Anstoßes werden. Auch eine Bulldogge, sei sie noch so lieb, muss gewisse Regeln beachten und erzogen werden, was anscheinend für manche Menschen nicht leicht ist. Warum ist das so?

Hündische Dominanz, die vor vierzig Jahren noch kein Thema war, ist inzwischen zu einem großen Problem geworden. Das liegt aber nicht daran, dass die Hunde dominanter geworden wären als früher, sondern an dem hohen Prozentsatz von modernen Hundebesitzern, die zu schwach sind.
Ja, es ist leider so!

Solche Menschen, die es zulassen, dass sie von ihren eigenen Kleinkindern und ihren Hunden völlig untergeordnet und dominiert werden. Übertriebene Liebe, hat eine wichtige, konsequente Erziehung abgelöst.
Viele verbinden mit Hundeerziehung und Ausbildung immer noch den militärischen Befehlston und die Härte früherer Trainer und Schulen.

Von diesen alten Erziehungsmethoden abgeschreckt, wird die Erziehung nun gleich ganz beiseite gelassen. Der arme Hund soll seine Freiheiten haben. Es herrscht teilweise großes Mitleid mit Hunden, die nicht rund um die Uhr machen dürfen, was sie gerade möchten.

Dass ein Hund mit guter Erziehung mehr Freiheiten und ein schöneres Leben hat als einer, der einmal am Tag für eine Runde um den Häuserblock laufen darf und ansonsten zuhause bleiben muss, weil er überall mit schlechten Manieren auffällt, dass sehen die wenigsten. Aus einem Bully, der einfach nur liebevoll behandelt wird, muss nämlich nicht zwangsläufig immer ein angenehmer und braver Hund werden!

Das wirkliche Problem bei Schwierigkeiten mit dem Hund findet man immer am anderen Ende der Leine!
Die Ausrede: "Diese Rasse ist halt so" ist nur
ein Zeichen von menschlicher Schwäche.
Was auch immer in der Beziehung Mensch Hund schief läuft, "Schuld" ist nie der Hund.

Er kennt nicht Gut und Böse. Sogar ein Hund, der seine Familie schikaniert ist nicht schlecht. Wir dürfen unsere Hunde nicht immer mit menschlichen Moralvorstellungen messen. Der Hund ist kein Mensch mit Fell und auch wenn man ihn abgöttisch liebt, er ist und bleibt ein Hund, der anders denkt als wir.

Zieht ein Welpe ein, ist die Einordnung auf dem untersten Platz natur bedingt, denn der Jüngste fängt eben ganz unten an. Der Welpe weiß das übrigens. Instinktiv. Diese natürliche Ordnung muss eigentlich nur aufrechterhalten werden.

Wenn der junge Hund ein Halbstarker wird und seine Flegelzeit gekommen ist, kann die Rangordnung aber durchaus einmal der Klarstellung bedürfen.
Es ist biologisch absolut funktional, dass jüngere Hunde die Älteren immer wieder mal hinterfragen und testen, ob diese überhaupt noch fähig und imstande sind, ihre Meute weiterhin erfolgreich zu führen.

Zeigt der Mensch dabei Schwächen, dann zieht der Hund für sich daraus: "Mein Herr ist kein Boss und bevor hier alles total an die Wand gefahren wird übernehme ich die Verantwortung jetzt lieber selbst. Einer muss den Job ja schließlich machen...".

Ziemlich logisch und weder Hexerei noch unmöglich. Jeder Hund lässt sich erziehen und die Bulldoggen sind manchmal eben schwerer von der Notwendigkeit der Erziehung zu überzeugen, spielen aber aufgrund ihres tollen Wesens, ihrer sensiblen Seele und aus Liebe zu ihrem Menschen dann doch gerne mit.
Man kann sich dafür ihren ausgeprägten Spieltrieb zu nutze machen.

Wer sich also für eine Bulldogge entscheidet, sollte sie erziehen. Nicht damit sie nicht Menschen anfällt oder zu einem Monster wird. Das macht sie sowieo nicht. Sie ist ein liebenswerter Geselle. Eher damit sie gute Manieren in ihrem Umfeld zeigt. Damit sie niemanden anspringt, denn dazu neigen manche Bulldoggen nämlich in ihrer Freude über Begegnungen mit Menschen, egal wer es ist.

Wenn man bedenkt dass auch "anspringen" in die jährliche Beißsstatistik mit einfließt, sollte man das ernst nehmen. Es gibt Menschen die fühlen sich bedroht, wenn unsere Bullys sie einfach nur lieb haben wollen und auf diese Weise begrüßen.

Sie sollen an der Leine gehen und auf zurufen zu ihrem Besitzer zurück kommen. Sie sollen nicht streitlustig mit anderen Hunden sein. Das ist alles.

Für manche Menschen ein leichtes Unterfangen, für andere Personen eine schwere Aufgabe.

Wenn Züchter zu ihren Welpenkäufern sagen, dass eine Bulldogge auf jeden Fall erzogen werden muss, dann hat das einen triftigen Grund. Manche Personen meinen nämlich, weil sie einen so liebenswerten Charkter hat und so überaus menschenfreundlich ist, würde sie sich irgendwie wohl auch selbst erziehen. Aber das ist natürlich falsch gedacht. Jeder Hund benötigt Erziehung.

Sie sind wie Kinder und Kinder brauchen nun mal Erziehung und Regeln. So einfach ist das.

Zu guter Letzt, möchte ich noch den lieben Menschen, denen man ab und zu beim spazieren gehen begegnet und welche mit ihrem "Internet Forenwissen" glänzen, etwas mit auf den Weg geben.
Nur weil sich im Namen unserer Rasse "Bull" befindet, heißt das nicht dass sie böse Wesen sind. Es heißt auch nicht, dass sie damit automatisch auf der Liste der angeblich gefährlichen Hunde stehen und allen möglichen Verordnungen unterliegen oder nur mit 3 Maulkörben und 5 Leinen gebändigt werden können. Es bedeutet in keiner Weise, dass sie nur darauf warten jemanden anfallen zu dürfen. Sie fressen auch keine Kinder und sie haben nicht die Beißkraft von Tyrannosaurus Rex. Halter dieser Rasse sind keine komischen und zwielichtigen Menschen. Nein, wir sind weder abartig noch kriminell. Ja, unsere Hunde bekommen Luft und ja, sie können ganz von alleine, ohne Rollator laufen. Nicht jede Bulldogge ist eine angebliche Qualzucht. Auch English Bulldogs sind beweglich und haben durchaus ein uneingeschränktes und angenehmes Leben in ihrem muskulösen und gedrungenem Körper. Bulldoggen Besitzer sind keine verantwortungslosen Tierquäler, denen die Gesundheit egal ist. Bitte verschont uns mit euren Behauptungen, Unterstellungen und Gerüchten. Danke!

Es ist manchmal unerträglich.

Wenn ihr aber unvoreingenommen seid und einfach nur mehr über das Wesen einer Rasse wissen möchtet, die einfach nur Klasse und speziell ist, welche durch ihre Freundlichkeit und ihr skurriles Aussehen eure Aufmerksamkeit auf sich zieht, dann nehmen wir Bulldogmenschen uns gerne Zeit für ein nettes Gespräch und für Aufklärung aus erster Hand.
Für echte Information und für die Wahrheit über das Wesen der Bulldogge.

Nachwort

Wie zu Beginn bereits erwähnt, ist dieses Buch eine Liebeserklärung an "meine" Rasse, die Bulldogge. Betonen möchte ich jedoch, dass ich nicht nur blauäugig die Vorzüge dieser Rasse hervorgehoben habe und negatives ausblendete, sondern dass die Bulldogge so ist, wie von mir hier beschrieben. Dass sie wie jeder andere Hund auch erzogen werden muß, sollte selbstverständlich sein. Sollten man mir vorwerfen, dass ich vergaß auf die Gefährdung von Kinder und Bürger durch Hunde wie die Bulldogge hinzuweisen, dann möchte ich hiermit deutlich sagen, dass dies zum einen immer eine Erziehungssache ist und dass die Bulldogge aufgrund ihrer Menschenfreundlichkeit nicht dazu neigt, Personen und Kinder zu verletzen.
Natürlich kann es immer passieren, dass ein Hund schnappt und jemanden verletzt. Das wird sich auch nie ändern. Es sei denn wir rotten die Spezie Hund überhaupt aus. Fakt ist nämlich, das auch kleine Hunde beißen können und dass sie es durchaus auch tun.
Leider sind kleine Hunde oftmals aufgrund mangelnder Erziehung auch die Auslöser für Streit unter Hunden. Sie fallen große Hunde teilweise sogar an. Wer bei solchen Vorfällen der Gelackmeierte ist, ist von vornherein klar. Bestimmt nicht der Kleine. Kommt es zu einer Anzeige ist immer der große Hund schuld.

Dass Verletzungen durch kleine Hunde nicht so gefährlich sind, wie die eines großen Hundes, ist jedem klar. So ist das aber nun mal. Wenn es jedoch alleine um die Beißkraft geht, müssen wir auch Hunde wie zum Beispie die Bernhardiner und Neufundländer erwähnen, welche in Bezug auf die Beißkraft, einer Bulldogge mit Sicherheit in nichts nach stehen.
Wir können nicht alles töten und verbieten, was zu Verletzungen führen könnte. Das Leben ist nun mal gefährlich. Bisse wird es immer wieder geben. Mit oder ohne Listen. Gewisse Rassen zu verteufeln ist falsch. Angst vor einer Bulldogge unbegründet.

Es wird immer wieder Unfälle jeder Art geben, ebenso wie tausende Tote auf den Autobahnen und Gewalt in Familien. Ich denke es ist gefährlicher mit einem Kind auf der Autobahn von München nach Hamburg zu fahren, als einem Hund zu begegnen, der auf einer dieser blödsinnigen Liste steht.
Vor einer normalen und einigermaßen erzogenen Bulldogge wird man sich bestimmt nicht fürchten müssen. Ganz im Gegenteil.
Und wenn man bereit ist Vorurteile abzulegen und sich auf diese tollen Hunde einlässt, wird man wie fast jeder Mensch, ihren liebenswerten Charakter schätzen und bald lieben.

Ob die Bulldogge ein Anfängerhund ist, kann ich nur aus meiner Sicht beurteilen. Für mich ja.

Für Menschen die unsicher, ängstlich oder mit geringer, autoritärer Ausstrahlung ausgestattet sind, eher nicht.
Aber für diese Menschen sind auch Rassen wie der Jack Russel oder generell kleine Terrier nicht geeignet. Ich behaupte sogar, dass diese kleinen Rassen noch weniger für Menschen mit oben beschriebenen Eigenschaften geeignet sind.
Und für manche Menschen ist wahrscheinlich kein Hund, die beste Lösung.
Und ich bin mir nicht sicher, ob es so etwas wie einen Anfängerhund überhaupt gibt. Ein Hund, egal welcher Rasse, ist immer der Spiegel seines Halters. Deshalb würde ich behaupten, es gibt keine Anfängerhunde. Es gibt Hunde mit verschiedenen Anlagen und jeder ist auf seine Art Hund.

Als Halter ist man verantwortlich für die Entwicklung seines Hundes und meist sind es die Menschen, die lernen müssen und nicht der Hund. Der Hund weiß wie es geht und er hat das Bedürfnis nach einem ihm zugewiesenen Platz in einer harmonischen Familie, welche in der Lage ist, ihm dass zu vermitteln was er braucht, damit er ein guter Hund werden kann.

Abschließen möchte ich mein kleines Buch mit einem lustigen Erahrungsbericht, von einem unbekannten Autor.

Entschuldigung!

Auch Hundebesitzer können aus Fehlern lernen!
Liebe Mitmenschen, die ihr keine Hunde habt und (ich betone und) diese auch nicht leiden könnt!

Ihr habt ja so Recht!
Was sind wir Hundebesitzer nur für ein schreckliches Volk? Und zwar alle.
Egal, ob Dackelbesitzer, Kampfhund,- Mischlings, Doggen- oder Mopsbesitzer. Wir sind alle schlechte Menschen und schlechte Menschen haben keine guten Hunde. Und ja: unsere Hunde haben Zähne, also sind sie böse!
Es tut mir so leid!
Ich möchte mich entschuldigen und euch mitteilen, dass ich aus meinen Fehlern gelernt habe:

Ich werde mich nie wieder auf einem öffentlichen Waldweg aufhalten, wenn ihr, liebe Fahrradfahrer, diesen benutzen möchtet.
Dabei finde ich es völlig in Ordnung, wenn ihr nicht klingeln, nicht bremsen, geschweige denn eine kleine Kurve um mich und meinen Hund herum fahren wollt.

Der Wald gehört Euch!
Ich werde nie wieder einem schlecht gelaunten Rentner widersprechen, der mich mit übelsten Schimpfworten belegt, weil ich einen Hund habe (der

an der Leine neben mir läuft und den Rentner nicht mal angeatmet hat!). Rentner dürfen das. Rentner müssen auch nicht grüßen, schon gar keine Hundebesitzer.

Ich finde es völlig in Ordnung, wenn im Sommer Heerscharen von Menschen in die Naherholungswälder einfallen und dort ungehemmt ihre Notdurft verrichten. Menschen dürfen das.

Ich erkläre meinem Hund, dass es unfein ist, menschliche Hinterlassenschaften in der Nähe des Wegesrandes aufzuspüren. Menschen finden das ekelig! Nur Hundebesitzer müssen Kot-Tüten bei sich tragen.

Liebe Mütter!

Natürlich dürft ihr Euren Kindern im Wald die Windeln wechseln. Das ist ja auch völlig legal. Bei all den mütterlichen Pflichten ist es wirklich auch zuviel verlangt, die Windeln in die nächste Mülltonne zu werfen.

Werft sie ruhig in die Büsche. Dann frisst mein Hund eben heute mal frisches Baby-Häufchen. Das bringt Abwechslung auf den Speiseplan!

Liebe Mitmenschen, die ihr so romantisch in freier Natur grillt. Ist er nicht herrlich, unser Rhein? Man kann sich an seinen Ufern so wunderbar erholen. Natürlich ist man danach viel zu müde, um seinen Müll wieder mitzunehmen. Das ist ja völlig verständlich! Nicht wahr, liebes Ordnungsamt?

Da kneift man gerne mal ein Auge zu. Mein Hund, der dankenswerter Weise ja am Rhein ohne Leine laufen darf (Danke, Danke! Danke!) kann sich nie entscheiden, ob er zuerst in eine zertrümmerte Bierflasche treten oder an Euren Grillresten ersticken soll!

Liebe Jogger, natürlich habt ihr Recht. Im Wald muss man nie mit unvorhersehbaren Dingen rechnen. Im Wald dürfen weder Kinder, langsame ältere Menschen, noch Hunde Euren Weg kreuzen und euch nötigen, euer Tempo zu drosseln oder einen kleinen Ausfallschritt zu machen.

Der Wald gehört Euch! Wir Hundebesitzer können unserem Hund ja auch einfach auf einem Laufband im Wohnzimmer Bewegung verschaffen!
Ich erwarte nie wieder, dass man höflich Danke sagt, wenn ich meinen Hund am Wegesrand ins Platz lege, damit eine Riesengruppe laut klappernder Nordic Walker ungestört ihres Weges ziehen kann.

Nordic Walker müssen nicht „Danke“ sagen. Niemand muss „Danke“ zu mir sagen. Ich bin ein Hundebesitzer!

Liebe Mitmenschen, ich habe meinen Hund ausgebildet und ihm Gehorsam beigebracht, damit er im Wald nicht atmet, wenn sich uns ein Nicht-Hunde-Mögender-Mensch nähert.

Ich habe meinem Hund beigebracht, liegen zu bleiben, wenn eine ängstliche Person sich uns nähert, damit wir anschließend beschimpft werden.

Ich nehme gerne Rücksicht auf meine Mitmenschen, ohne ähnliches zurück zu erwarten!

Und noch eins: Liebe wohlwollende Rentner und Hunde-Mögende Mitmenschen!
Ich weiß, dass es Euch gibt. Vereinzelt habe ich Euch auch schon getroffen. Gerne würde ich mich öfter mit euch unterhalten und mein Hund mag es, wenn ihr ihn streichelt. Leider sind wir immer auf der Flucht! Nehmt es uns nicht übel, wenn wir uns andauernd hinter irgendwelchen Büschen verstecken.
Verratet uns nicht! Wir sind illegale Waldbesucher!

Danke!
(Unbekannter Verfasser)

Olivia

Und noch eine kurze Geschichte. Eine Episode von meiner kleinen Bulldogge Olivia, als sie 4 Monate alt war.
Olivia ist hübsch und lieb und so etwas von verfressen. Sie hat immer Hunger. Sie ist ein Vielfraß und sie frißt alles. Bis hin zum rohen Sauerkraut und Pferdefutter und manchmal auch einen Pferdeapfel...
Es ist ekelig, aber es ist so. Ich verbiete ihr gruseliges zu fressen, aber so ganz hat sie es noch nicht verstanden. Es ist wirklich schauderlich.
Als wir im Sommer bei uns im Garten grillten, lief eine Maus über die Wiese. Olivia hüpfte der Maus neugierig hinterher. Unsere anderen Bullys wollten sehen was da los ist und gesellten sich aufgeregt dazu. Ich sah wie Olivia die Maus schnell ins Maul nahm, damit sie nicht gar ein anderer aus dem Rudel zu fassen bekäme.
Die Maus guckte mich an. Direkt aus Olivias Maul. Sie sah sie mir in die Augen und sie fipste. Als ich Olivia, die mit der Maus flüchten wollte am Halsband zu fassen bekam, um ihr das kleine Tierchen wieder wegzunehmen, schluckte sie die Maus einfach am Stück runter. Ohne zu beißen. Einfach so. Schwups und fort war sie. Ich erstarrte ungläubig!
Good by Jerry! Das wollte ich nicht..., böse Olivia! Verfressenes, schlimmes Bulldoggenkind!

ENDE

Das Wesen der Bulldogge

Das Wesen der Bulldogge